アウトドアライフ論

塚本珪一

ナカニシヤ出版

目次

1　自然とは　7

1―1　生命の多様性　7
1―2　自然　その美と愛の構造　9
1―3　自然の美しさ　11
1―4　自然の循環と共生のシステム　13

2　自然と人間　16

2―1　人間にとっての自然　16
2―2　心を育てる　18
2―3　自分の頭で考え行動する　19
2―4　自己管理と自己責任　21
2―5　体験的学習　24
2―6　アウトドアの美学　25

3　野外空間　28

3―1　自然という空間　28
3―2　生活の空間　30

3―3　行動の空間　32

4　自然の中でのしきたり　34

4―1　あたりまえのことをきっちりと　34
4―2　やさしさ　37
4―3　しなやかであること　39
4―4　跡を残さない　40
4―5　サスティーナブルとは　43
4―6　エコ・アウトドア・ライフ　46

5　野外の生活のために　52

5―1　野のファッション　52
5―2　アウトドアのウエアは　54
5―3　なにを持ちますか　56
5―4　シェルター　60
5―5　食べる　63
5―6　生活技術とその哲学　69

6　自然の中での遊び　72

6―1　自然の中で　72
6―2　遊びの美学　74

6―3　子どもの遊び　76
6―4　つくる　78
7　フィールド・ワーク　80
7―1　フィールド・ワークの楽しみ　80
7―2　歩く・見る・聞く　83
7―3　エコ・マップづくり　85
7―4　学問の世界へ　88
8　森のなかで　91
8―1　森にはいる　91
8―2　森の物語　93
8―3　森からの手紙　97
9　知のアウトドア・ライフ　101
9―1　知的世界へ　101
9―2　知的アウトドアの実践者たち　104
9―3　知的空間の創造　109
9―4　高齢者の知的アウトドア・ライフ　112
10　アウトドアの哲学　116
10―1　自然誌の中で　116

10—2　古典博物学から近代博物学へ　119
10—3　博物学の時代の再来　123
10—4　いくつかのテキスト　127
10—5　「今西自然学」の世界　129

11　行動について　132

11—1　アウトドアで先人たちは　132
11—2　歩くこと　135
11—3　山に登ろう　138
11—4　異文化のなかへ　139

12　環境を考える　142

12—1　複雑系の博物学　142
12—2　環境を考える　143
12—3　共生とは?　146
12—4　環境学習　150

13　危険との対応　156

13—1　危険という情報　156
13—2　天気の変化とその対応　158
13—3　人間関係　162

13―4　危険な生き物　166
13―5　昆　虫　168
13―6　逃げる、助ける　169

14　リーダー論　173
14―1　リーダーとは？　173
14―2　すばらしいリーダー　175
14―3　師　論　178

15　自然の情報・記録　181
15―1　自然の情報　181
15―2　情報の発信と受信　183
15―3　記　録　185
15―4　採　集　186
15―5　標本をつくる　188

あとがき　191
事項索引　193
人名索引　194

1　自然とは

1―1　生命の多様性

私たちは「自然」という語を「豊かな自然」とか「緑豊かな自然」、「すばらしい自然」などと使っているが、『広辞苑』を引いてみると、「天然のままで人為の加わらないさま」「あるがままのさま」「おのずからそうなっているさま」「人間を含め、山川・草木・動物など、天地間の万物」などが書かれている。

日本では仏教的な自然と、私たちが日常使っている「草木魚鳥獣」のような生物的自然の二つがあるといえるだろう。いま、私たちが使っている「自然」という言葉は比較的新しい概念であろう。

その自然には、いろいろあって極地のような氷原から砂漠、熱帯雨林まで生命の多様性が見られ、見た目には不毛の砂漠にも多くの生命がある。

生物がうじゃうじゃいる様相は、時に私たちの生活周辺や野外で見ることができるが、それは時にはおぞましいことでもあって、決して喜ばしい豊かな自然とはだれでもが思っていない。

一九九八年四月末の北海道網走のオホーツク海に面した「原生牧場」では例年より早く春が来ていた。放牧されている牛や乗馬用の馬たちは少し気温の低い青い空の下で楽しそうであったし、ファミリーで遊びに来ている人たちも久しぶりの春に喜んでいるようだった。

私がここにやってきたのは、『昆虫記』*のファーブル先生同様にフン転がし、いわゆる食糞性コガネムシ類が、もう家畜の糞のなかで働いているに違いないということを確かめるためであった。私は前日に排泄されたらしい馬糞をピンセットで二つに割ってみた。そのなかには黒い艶のある一センチたらずのマグソコガネ*が無数にひしめいていた。やはり、予想どおりに早くやってきた春とともにフン虫たちも活動を開始していたのだった。

早速、私はフン虫観察も目的の一つとして、同行してきた北見の友人たちを集めて野外実習を始める。まず比較的新しい馬糞をピンセットで二つに割って、「どうです、たくさんいるでしょう」と言って友人たちの顔を見ると、やはりおぞましいものを見たという表情が多かった。次に表面が内部から明らかにフン虫によって分解されていると思われる馬糞をピンセットで探って、「このようにフン虫によって分解されているのです。よく働いているのがわかるでしょう」と言ってなかの状態を見せた。そこにも多くのマグソコガネがうごめいていたが、友人たちからは最初のようなおぞましさの表情は消えていた。

私たちは見かけの緑豊かな自然だけを「自然」という語で表現しようとするが、それ

＊『昆虫記』第一分冊　ファーブル著・山田吉彦訳　岩波書店　一九四三
「我々はレ・ザングルの砂土の高台に、聖たまこがねがもう姿を見せて、往古のエジプト人が地球の像とした糞の団子を転がしているかどうか見に行くところであった」

＊マグソコガネ

は過ちで、モンゴルの砂漠地帯でも気をつけて見ると、そこには多くの昆虫や植物が生きているのである。

同じ砂漠でも牧畜の飼料栽培のために砂漠化が進行しているところが地球上の各所にあるが、このような砂漠化を防ぐ手だてを考えなくてはならないことは当然である。

熱帯雨林は人間が生活するのには適さないが、人間生活にはかかせない酸素などの供給と循環の場であり、また、なんらかのかかわりのある無数のＤＮＡの生活の場である。昔、「自然学研究会」の仲間であった京大の井上民二さんがユニークな方法で雨林の上層部の解明を手がけていたが、ボルネオの雨林で航空機事故に遭遇されたのは残念なことである。しかし、今後もその方法論は若い人たちに受け継がれていくことだろう。

一五世紀末にスイスの画家たちによって、高原の風景の保存を提唱されたことから審美的な自然保護運動は始まったという。それは後年、山岳画家のセガンティニ*が好んで描いたアルプ＝牧場のような風景であろう。「アルプスの少女ハイジ」の世界の風景はすばらしいが、それは人間のつくった半自然である。そこには「私たちが求める自然とはどのようなものだろうか？」という究極の命題がある。

＊セガンティニ（Giovani Segantini 一八五八〜一八九九）　イタリアの風景画家。アルプスの山の景色に憧れ、山の風物を描く。

1—2　自然　その美と愛の構造

それぞれの時代には、それぞれの思いがあって自然とか環境が語られてきたが、そのもっとも顕著な例が、生活周辺の自然を失った現代人の自然への憧れであろう。

ここに一つの自然の構造を取り上げてみると、昔、田園のあった郊外は住宅地となってしまったし、里山の麓にあった雑木林もほとんどなくなってしまった。里山も人間の手から離れてしまったために荒れ放題である。このように普通の自然が消えていくことは、人々の心のよりどころと消えていった私たちの資産としての生き物たちを惜しむことになる。

一九九八年の一二月に大阪府箕面市の郊外を訪れたが、畑の各所に牛糞が積み上げられていた。春にはもしかすると大型のエレガンスの名をもつ*オオフタホシマグソコガネや黒いつやのあるマグソコガネが飛ぶかも知れないと思ってうれしかった。

昔の田園の周辺の雑木林は、子どもにとっては宝島か秘密の花園であったと思う。私が昆虫学の道を進んだのも、「京都御苑」という広大なフィールドでの遊びがあったからであり、比叡山山麓の雑木林での感動があったからである。雑木林の中はいつも昆虫の翅音でいっぱいだったし、訪れるたびに違った発見があった。あるとき、馬の尾のように長い産卵管をもったバビホウ＝ウマノオバチに出合い、それはその頃愛用していた*平山修二郎の『原色昆虫図譜』から抜け出して飛んでいるとしか思えなかった。クヌギの樹液に集まる金属光沢のコガネムシ類やケシキスイなどの甲虫たちの動きに私は胸をときめかしていた。

私は昆虫たちにいつも何か話しかけ、虫たちも私に何かを話してくれていたと思う。*ヘルマン・ヘッセがそうであったように、私も虫たちの愛の言葉を理解しながら林のなかで孤独の時間を持っていた。後述するが、こんな時に私は私なりの「個」を育んでいたのだろう。

***オオフタホシマグソコガネ**　マグソコガネ科甲虫で、体長一三〜一五㎜、上翅は黄色で黒紋が左右にある。

***平山修二郎**『原色昆虫図譜』三省堂

***『ヘルマン・ヘッセ　蝶』**　フォルカー・ミヒェルス編・岡田朝雄訳、朝日出版社　一九八四

祖父が住む京都洛北の寺の高木では、夏の日にいつも金属光沢のタマムシが独特の飛び方を見せてくれたし、裏山には大きな栗の木があって、大きな実がいくつも落ちていた。夜になるとその栗を囲炉裏の火で焼いてもらったが、その香りはいまも覚えている。

二〇世紀末には田園や雑木林、里山を破壊して公園を造るといった愚かな発想が、公共事業という名で行われていたが、まさに普通のすばらしい資源が失われていった「魔の時代」である。その魔の時代に街の博物学者たちや動物行動学者たちは、普通の自然の価値の貴重さを再発見するために行動を起こしていた。そして、昔、沢山いた「昆虫少年」「キノコ少女」なども、今またどんどん増加しているから頼もしい。

「京都御苑」の北東部の「母と子の森」*の水場には休日にはたくさんのバード・ウォッチャーが集まっている。年四回の京都御苑の「自然教室」もけっこう賑わっているからすばらしい。北海道のオホーツク圏でも昆虫研究家たちが地表性昆虫やエゾシカ、ヒグマの糞に来る昆虫を追っている。

私たち日本人の農耕文化とともにあった小さな愛と美が幾つも発見できた郊外、田園、里山といった、もっとも普通の構造はこれからどうなっていくのだろうか。

1―3　自然の美しさ

自然は美しくなくてはならないが、その美しさとは先に述べた「普通のもの」の美しさであり、その集合構造としての美しさであろう。春の桜並木の豪華な美しさや哀愁的な楓の紅葉の美しさはもちろん、森のなかの小さな花や昆虫もそうである。

***京都御苑・母と子の森**　「自然教室」は環境庁京都御苑事務所と御苑保存協会の共催で、年四回行われ、植物、キノコ、野鳥、昆虫の専門家による指導がある。一七四ページ参照。

ある時、「あなたはどのような自然に出合って感動しましたか」という、私の質問にさまざまな答えがあった。ある戦争体験を持つ高齢者は「蒙古の地平線に沈まんとするオレンジ色の大きな太陽」を、ある青年は「岡山の渓谷で手に触れたオオサンショウウオ」のことを、ある女子短大生は「沖縄の青い海」の話をしてくれた。そのほか「屋久島の杉」「星空にライトを向けた日」「海岸キャンプでの台風」「雪の上の動物の足跡」「木々のゆらぎ」など、人それぞれに気にいった自然があり、思い出がある。

私もパキスタンの山地のカラコルムで、すばらしい自然との遭遇がたくさんある。そのもっとも荘厳ですばらしかったのが世界第二の高峰、K2峰とコンコルディアという氷河合流点での出合いだった。到達した夕刻、天空はるかな雲の上に、その頂だけが見えたのだった。ヒマラヤの山々が「神々の座」であるといわれていたが、その真意がその時理解できた。

もう一つはK2峰からの帰り道、ジープでシガールからスカルドに向かう時、月の光は砂漠の砂のひとつひとつをきらきらと輝かしていた。森田　勝隊員が月を見ながら「月の砂漠を……」と歌っていたのが印象的だった。彼はその後、アルプスのグランドジョラスの北壁から帰ってこなかった。もう一人の馬場口隆一隊員もガッシャブルムから帰ってこなかったが、彼等は山という魔的な美しさと動物としての本能的なしがらみのなかに浸かってしまったのだろう。

私は『K2より愛をこめて』[*]という少しきざな題名の本を一九七八年に出しているが、そのなかの「私たちにとってのK2とは」で、登頂の報をベースキャンプで受けたと

＊『K2より愛をこめて』塚本珪一著・東京新聞出版局　一九七八

きに「この日、私は心の様相としての青春をしっかりつかんでいたと思った」と書いている。そのように山という世界は、自然の美としての存在と人間の心の存在を知るところなのかもしれないと考えた。

自然が美しいというとき、視覚として捉えるときと、感性としての捉え方があるが、後者は後の章で述べるが「素朴な自然へのセンス」だと思う。この「素朴な自然へのセンス」は小さいときから日常において育まれるものだと思うから、それなりの素地がなければならない。私の周辺にはその素地をもっている者が多いから嬉しい。

私は昆虫を追っかけているため小さな生き物の美しさに常に出合っているため少々マニアックな美的思考をもっているかもしれない。それに、その小さな美しいものを、どうしても人に教えたいのであるから始末が悪い。

小さな甲虫の上翅の不気味なまでの点刻の美しさや、蛾の翅の模様の美しさ、チョウ*のシステマテックな模様などである。

＊コヒオドシ

1―4　自然の循環と共生のシステム

自然の美しさの内なるものとして、ある空間のエネルギーの循環と物質の循環のシステムがある。梅原猛*氏は「共生と循環の哲学」（一九九六）という言葉を使っているが、ドイツのライヘル・ドルマトフ*のアメリカ先住民族の研究（一九七六）にも同様のシステムがあることを示している。それは先住民たちはエネルギーの循環を中断することなしに入力と出力のバランスをとって生活していたという。もちろん、日本の農山村でも

＊梅原猛『共生と循環の哲学』小学館　一九九六

＊ライヘル・ドルマトフ（Reichel Dormatoff）G. 1976. Cosmology as Ecologicalanalysis, Man. 11, 3: 307-318

立派に同様のシステムは存在していたが、そのようなシステムや知恵がうまく伝承されていない。たとえば、昔の山村の人たちは山菜を採取する時に決して根こそぎ採ることなく、一部を必ず残していたのである。

共生については後に詳しく述べるが、人間と生物の二者の関係において、ギブ&テイクという関係と、野生の生き物たちに関与しないという二率背反の概念がある。ギブ&テイクについては理解できるだろうが、後者については理解に乏しいのが現状である。関与しないということは住みわけの原理であり、自分の分をわきまえることである。生物たちの分と人間の分をわきまえることは、いまとなってはそう簡単なことではなく、ともすれば人間は欲張って自分の分を取りすぎるが、そのとき共生のシステムは破壊される。

先住民たちは狩猟、採取時に祭事を行うことが多いが、それは神への祈りだけではなく時間のコントロールの意味のあることを理解しなければならない。私たちが住む現代はあまりにも慌ただしく、欲深く前に進み過ぎていることに気づかねばならない。私は司馬遼太郎と井上ひさしの対談*（一九九七）を読んだことがあるが、今が「美しき停滞」と「美しき成熟」の時期であることを教えられた。私たちは二一世紀の初頭に、立ち止まって深く考えるという時を持たねばならないだろう。

モンゴルの大地や木の実などが天からの借り物であり、いただきものであるという思考も共生の原点であろう。常に神とともにあって、自分の分を厳しく認識していたのである。

*司馬遼太郎・井上ひさしの対談「日本人の器量を問う」『現代』一月号　一九九六

最近、鬼頭秀一[*]氏の『自然保護を問いなおす』(一九九七)を読んだが、伝統社会における自然との「共生」についても複雑系の思考が必要であると私なりに解釈した。

私の専門である食糞性コガネムシ類のなかに、体長二ミリほどのマメダルマコガネ[*]という種が動物の糞を五ミリほどの球にして転がして運んでいる。しかもこの小さなコガネムシは、ファーブルの『昆虫記』に出てくるスカラベ[*]同様に、逆さになって糞球を転がして運んでいる。このコガネムシは私たちの気づかない「森の下の森」で、その循環のシステムの一部を担っているのである。

***鬼頭秀一『自然保護を問いなおす』** ちくま新書 一九九七

***マメダルマコガネ** ダイコクコガネ科の甲虫で、唯一、日本列島で糞玉を転がすフン虫。この属には本州に一種、南西諸島に二種生息する。

***スカラベ** フン虫の通称、もとは、Scarabeus sacer という種で、ラテン語で「聖なる甲虫」の名がつく。

2　自然と人間

2―1　人間にとっての自然

自然のなかで人間は今西錦司*の示した、埋没の時代→共生の時代→征服の時代、さらに共生の時代という道程（一九七二）を人類は進むのか、破滅の時代を迎えるのか疑問である。大蔵、日銀、防衛など高学歴者汚染の時代を迎えた日本人は信じるものを失った今日、どのような道があるのだろうか。精神文化としては「言いわけ」「隠す」「人の所為にする」「自分だけを守る」といった風潮が蔓延し、子ども社会にも大きく影響を与えた。

現代が心を癒すために何らかの手だてが必要であるとするならば、私はビートジェネレーションという、一九六〇年代後半のアメリカでの一群の若者たちを思い出すことになる。ベトナムの戦争に傷ついた若者たちはショルダーを背に自然のなかに出かけ心を癒したのである。今日の日本の若者も自然のなかで真実を求め、立ち止まって考える時間が必要ではないだろうか。緑豊かな森はまだ日本にはかなり残っているだろうから、そのなかで人間の心の原点を再発見すればどうだろう。

*今西錦司（一九〇二～一九九二）京都府生まれ。生態学者・霊長類学者。登山家としても知られる。一九七九年文化勲章受章。

自然のなかが考える場であることの一つの例として、ルソー[*]は『不平等起源論』を執筆するにあたって、パリ郊外のサン・ジェルマンの森に入った。ルソーはそこで、人間のちっぽけな虚偽を片っ端からやっつけ、人間の不幸の原因を突き止めた。ルソーのいう「自然状態」とか「自然法」についてはすぐに理解できないが、私はルソーが自然のなかで考えたという点にのみ共感を寄せる。

自然のなかで考えた巨匠は今西錦司であるが、別の章で詳しく述べることにする。自然のなかを歩き、登りながら考えるというのではなく、人間が自然のなかに入ったときに遥かな昔の言葉や行動を思い出すことになり、現在を見る心と思考が再現されるということだと思う。

自然が豊かな物質的な恵みを与えてくれるということについては私たちは忘れているか、少し鈍くなっている。それは、養殖、飼育、ハウス栽培などが私たちの食料を提供してくれるということと、かなりのものを外国からの輸入食料に頼っているからである。そのため根源的な部分、すなわち、農林漁業を考えないから自給ということへの意識と努力がないのが現状である。一九九八年七月に北海道沼田町で「雪サミット98」が開催されたが、そこでは雪を使ったおいしい「雪中米」が備蓄されていた。この時、京都大学の嘉田良平教授は日本における米の備蓄の必要性を熱っぽく説いていた。

われわれがモンゴル[*]の牧民や中国西部の遊牧民の生活に入ると、自然への畏敬の念と節約、軽量、再利用の生活があって、持続可能な意識を感じさせる。彼等は生命の時間で生活を進行させ、家畜という動物の生命とともに生きている。これらは「共生と循環」

＊ルソー『人間不平等起源論』岩波文庫。

＊モンゴルの草原

の構造に近いものであることも確かである。

2―2　心を育てる

*キャンプや登山に子どもたちを誘うのは、「考える場」と「心を育てる場」があるからだと思っている。心を育てるということは極めて難しいようであるが、自然のなかに入れば誰もが自然へ語りかけると思う。語りかければ必ず自然からの音信を捉えることができ、自然からの何らかを受け取ることになる。先にヘルマン・ヘッセの例をあげて少し述べたが、自然のなかでの孤独というものは、自然からの音信を受け取るすばらしい機会であるに違いない。

心を育てるということは「個」を育てるということであると考えてもいいだろう。西洋的な思考では「個」は心であり、またモラルであるというが、私たち日本での生活のなかでは、この発想が理解されにくくなっている。子どもたちが数人いるなら、必ずみんなが同じ方向に向いてくれることを願っているときには、「個」を育てることは不可能であろう。子どもが樹液に集まっている昆虫を発見した時には、未知のリズムとかシグナルが聞こえ、見えてくることだろう。それを自分なりの言語に変えて頭脳にインプットし、そこから自分なりの発想を構築できればすばらしい。

私はある年の冬の京都御苑の樅の木の葉先にホバリング（空中停止）しているたくさんの*キクイタダキという日本では最小の鳥に出合ったことがある。それは、不思議な世界だったし、その鳥たちのリズムはいまだかつて体験したことのないものであった。そ

*子どものキャンプ

***キクイタダキ**　ヒタキ科の小型種。本州以北の高い山で繁殖、冬季は平地にも生息する。針葉樹林を好む。

して、そこには動物行動学的な何かがあると直感したが、残念ながら未だそれを解明していない。しかし、このキクイタダキの群との出合いは、未知の世界を深く考えるというすばらしいアドバイスとなった。

子どもたちは本来「どうして、なぜ」の世界で過ごしているが、「なにが、どこで」の次元に引き戻すのは大人たちである。自然のなかでは「どうして、なぜ」というあり方で、心が育まれるのだと思う。

2—3 自分の頭で考え行動する

従順に大人のいうとおりに従順に行動する子どもが「良い子ども」といった思考は、学校教師や親たちの願いであり、教育の理想なのだろう。一九九八年に入って中学生のナイフによる殺傷事件が発生し、教育界はもちろん社会は騒然とした。そのときもナイフを持たせない、持ち物検査の可否、教師はもっと毅然とした態度をとる、道徳・命の教育をなどと水面上の論議しかされなかった。マスコミも「いま、学校では」「いま、子どもたちは」と書き立てる。水面下の問題は教師も社会も口をつぐんで、子どもにすべてを押し付け、大人たちが子どもたちの鏡となれない現状については話さないし、自分たちがやっていること、売っているものについても反省がない。

大人たちの卑しさや不誠実がいつの間にか根深く子どもたちに影響を及ぼし、人間の生命の尊厳への思いが希薄になっていた。

「個」を育てる教育がなかったことも教育者は口にしないし、自分の頭で考え、行動できる子どもを育てるための教育もやってこなかったことに気づいていない。集団教育は悪ではないが、同じ考えを持つ子どもを育てることについての過ちを意識していないのも危険である。

私たちの年代の受けた教育は反抗は悪であり、集団から離れるものは非国民であったが、なぜか自分なりに考える機会があった。それは、みんなが良い子ではなく、良い子も悪い子もそれなりに認め合い、それなりに自己を大切にしていたと思う。では、なぜ自分を持てたかについて考えてみると、私たちには少なくとも中学生あたりまでは子ども社会があって、そこには自分たちで秩序を構築していたことを思い出す。

京都御苑*の道は広く、砂利がいっぱい敷き詰められていたから、小学生の時にその砂利を使って「石合戦」をやるのがスリリングな遊びだった。ともかく真剣に石を投げて相手をやっつけるのであるから、いまであれば絶対に許される遊びではないだろう。しかし、私たちはきちっとしたルールのなかで石合戦をやっていたから誰も怪我をすることもなかった。砂利のなかで一番大きなのを選んでもそれは親指大であり、至近距離から投げることもなかったし、一個ずつ投げていた。自分たちが決めたルールは絶対であり、誰もそれを破ることはなかった。

野球をやっても、蹴球＝サッカーをやるときも、その与えられた空間に適したルールを作って楽しんでいた。現今のように良いボールやユニフォームがあるわけではなく、親がまといつくこともなく、自由で、子どもの世界に大人が入ることなど考えもしなかった。

*京都御苑

子どもたちはもっと自由でなければならないが、現今では少子化という不気味で暗い壁があることも事実である。

自然のなかでの生活や遊びは、常に自分の頭で考え行動することが必要であり楽しみで、そこには自己管理、自己責任を持つ学習ができる。一九八九年の中国ウイグル自治区のコングール*登山の時に、須藤登攀隊長は自己管理による高所順応を強調した。このことは隊員にとっては知的に対応できるため効果があった。現在自己責任を失ったという日本人にとって、それを学習できる場ともっと知的なあり方が必要だと思う。

2―4　自己管理と自己責任

一九九八年一〇月に関西空港から女満別《めまんべつ》に飛んだ時、関西の高校の修学旅行生と一緒であった。生徒の行動を観察していると、修学旅行であるというのに、生徒たちは航空機の危険とか乗り方について、何も事前学習をしていなかった。飛び立つ前のスクリーンでの安全の説明もほとんど見ていないし、ベルトの絞め方もいいかげんで緩く絞めて上着で隠している者もいる。飛行中に座席に後ろ向きに座り、後方の者と話し始める者も出てくる。先生や添乗員も知らぬ顔である。ついにフライトアテンダントがアナウンスで注意した。そのときトイレでの喫煙についても注意したが、それは高校生か一般乗客かは分からない。

先生も添乗員も生徒の機内での行動に無関心で、危険についての認識がないのも問題である。このことについて考えてみると、生徒たちも先生、添乗員も安全と危険の認識

*コングール山群シワクテ峰（五二〇〇メートル）

がないこと、それにせっかく飛行機に乗ったのであるから、危険と安全確保の学習の場とするべきだろう。この現象は現代人が自己管理と自己責任がいかに乏しいかがわかる。フライトアテンダントがしっかりしていたから生徒たちに明確な注意を促すことができた。「他の乗客に迷惑がかかりますから」という表現だったが、本当は「あなたの命の問題です」ということに、生徒たちは気づいていないだろう。

*女満別空港に着陸したとき、フライトアテンダントは高校生たちに良い旅と安全があることをアナウンスしたが、立派な人だと思った。

この日、女満別の気温は一六度Cで青い空がありさわやかだった。生徒たちは空港の建物から出るとほとんどの生徒が「北海道だ」と手を挙げて声を出していたのは良かった。

いま、一歩屋外に出ても安全については親切すぎるほどであるから、人々は安全は他人が作ってくれるものという意識しかないだろう。過保護がいかに人間をだめにしているかについても、教育現場や家庭でも理解されていない。何かが起こればすぐにその責任を他に求めようとしか考えない。自由と安全は他人によって確保されるものではなく、自分で創造するものであるという意識が欠除している。安全については現代の子どもたちは過保護に育ち、安全は誰かが確保してくれるものであるという意識があるので再教育の必要がある。

この危機感の喪失と自己管理能力、自己責任の低下の原因は、大人社会の秩序と哲学の喪失であると思う。一九九〇年代の日本を含めた世界の情勢は最悪だった。

＊女満別空港

近代日本の第一次崩壊は敗戦であり、第二次崩壊はバブル崩壊とその後遺症であるが、なぜか危機感が希薄でサバイバル意識と改善のための方法論が出てこない。奥尻島、阪神・淡路大震災*の教訓も日本人のほとんどがそれを生活のなかで生かそうとしていないのが不思議である。一九九八年の経済の破綻も人々の行動や日常生活に見えてこない。もちろん、離職した人や本当に困っている人々の姿は見えないが、繁華街や観光地は相変わらずの盛況である。日本ではいつの時代も「人は人」といった無関心がまかり通っているのだと思う。六〇年安保は乱世であるとする人があるが、それは間違いで、あの時代には真実と連帯を求めるという姿勢があった。それを乱世とする人々はいまをどのように見ているのだろうか。高齢者が年金や貯金の利子で食って行けない世の中であるというのに、危機感が薄いことは最終的に飢えや大崩壊が来るまで多くの人々が気づかないということだろう。

自分で自分の身を守る意識が乏しいということは、自己の周辺でのあらゆる現象がまったく見えていないということである。このことは生物としての能力が低下し弱体化しているということで、外界の変化や外界からのインパクトを察知できていない危険な状態である。生命体の老化現象が高齢者だけでなく若者世代に及んでいると考えるべきであろう。この老化現象は意識の問題であり、履物、ウエア、身辺のあらゆるグッズと体質、運動能力にまで及んでいる。

一九九八年一〇月一〇日の体育の日の新聞は一九九七年の「体力診断テスト」の結果を報じているが、それによると一〇代のほとんどの年齢で一〇年前を下回るとしている。

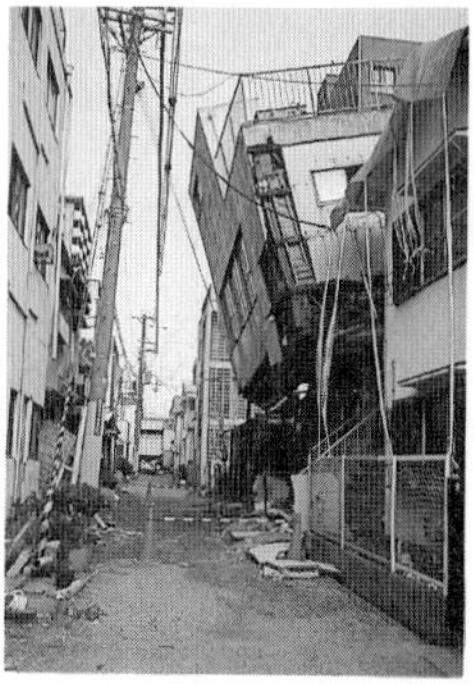

＊阪神・淡路大震災（芦屋付近）

その原因は女子では「運動嫌い」「ダイエット」などであるとしている。これは大人社会やマスコミなどの健康や人間性の捉え方にもその原因があろう。

私は阪神・淡路大震災以前は青少年野外活動の指導者講習会などで「二一世紀はサバイバルだ」といった指導をしてきたが、震災以後は「やさしさ、しなやかさ」に変更した。しかし、地球にやさしいということは人間がいなくなることだといった論議もあって、やさしさの原点としての「すべての生命の価値の再認識」と、「生きとし生きるものすべてへの哲学と科学の必要性」を二一世紀の指導指針とした。

2―5 体験的学習

私が心を育てる「もう一つの学習方法」と表現しているのが体験的学習である。体験的学習の祖はヘンリー・D・ソロー*で、『森の生活』で知られている。詳しいことは後で述べるが、ソローは体験的にものごとを知るすばらしさと意義を教えてくれた。体験学習とは単に言われたことをやるのではなく、自分で考える部分と試行錯誤というプロセスがあることが特徴である。

たとえば、問題集にはたいていの場合には解答があって先が見えているが、自然のなかではほとんど解答がなく先が見えない世界である。この「先が見えない世界」では仕方なく自分で考え、歩き始め、自分なりに解答を求めようという努力が必要になる。立ち止まって考え、振り返り、後に戻って出直すなど方法も自分で考える。

私はいくつかのヒマラヤ登山のなかで気象観測を行い、登頂の時期を予測した体験が

＊ヘンリー・D・ソロー（Henry David Thoreau 一八一七〜一八六二）一三四ページ参照。

あるが、最初からうまくいったわけではない。観測事情については「情報」の項で詳しく述べるが、一九七七年のK2峰の時は、その地道な観測については京大防災研の中島暢太郎先生から褒めてもらったが、予測はできなかった。やっと予測ができたのは一九八九年のコングール登山の時で、三日間の登山適期を予測し、九名が登頂した。局所的な天候の予測ほど難しいものはないとつくづく思った。最近では人工衛星を使って比較的簡単に、しかも時間ごとの変化を知ることができるようになった。

ともかく体験的にものごとを知り、解明していくことは楽しく、学習したことは忘れることもなく、自信に繋がっていく。

子どもたちは学校や塾での学習活動が主体であるが、そのほとんどは「教えてもらう」「反復する」「予習をする」に止まり、体験的に学習するということが疎かになる。

カラコルムやモンゴルで子どもたちが生活のなかで体験的に生きていたことを思い出した。

子どもたちは体験学習の味を知ると面白くなって、いろいろと学習することに興味を持ち、発展して行くことになり、いつの間にか主体性をもって学習するようになる。

2—6　アウトドア活動の美学

私たちの世代で優雅な旅やアウトドア・ライフの終焉を迎えたくない。

私の単身赴任先、北海道、北見の書斎の机の上には藤木九三の『屋上登攀者』がある。新聞の広告に岩波文庫からそれが出ていることを知って近所の本屋で早速購入したのである。昔、重厚な『屋上登攀者』を持っていたが何らかの都合というか心変わりで手放してしまった。藤木九三さんとは何かの会で二、三回お目にかかったが、お話をしたことはなかった。息子さんの藤木高嶺さんとは縁あって一九八一年のコングール登山にも同行した。

この本を改めて開いて、やはり旅と山の哲学というか美学が理解できるのは私たちで終りではないだろうかと思った。私が北見の山好きの若いMさんにこの本を読むことを薦めたのも一つの企みで、もし読んでくれればどのような感想を聞くことができるかが楽しみだったし、私の推測が当たっているかが知りたかった。

『屋上登攀者』の「文化が峠を越えることによって混淆し、錯雑した」というところなど、昔感動して読んだところであることを思い出す。私は峠が大好きで、峠には文化の出合いとその峠でしかない美があるからいい。京都北山にも多くのすばらしい峠がある。奥美濃の温見峠も良かったが、いまはもうその姿を残していないと聞いた日は口惜しかった。本当にそこだけが温かくいつまでも座っていたい場所であった。確か峠の両方の村人たちが毎年草を刈りながら登って、御盆の日に鯖江から来る坊さんの通路を開けたという。

日本アルプスを世界に紹介した*ウエストン夫妻は*徳本峠《とくごう》からの風景を愛したが、私にとっても信濃の島々の宿から上高地への道の徳本峠が人生のなかでももっとも好んだ峠である。そこは私にとっては山の生活としきたりを学んだ「山の学校」であった。

旅はいくつもの優雅さがあると思っている。愛しい良き人との旅や登山は一番すばら

*ウエストン　Mountaineering and Explorationin the Japanese Alps

*徳本峠小屋

しいが、二番目は孤独で悲しいまでのアウトドア・ライフも究極のものだと思っている。「屋上登攀者」の冒頭に「屋根部屋は、私　屋上登攀者の　ベルグ・ヒュッテだ」と、あるが、私のベルグ・ヒュッテはどこだろう。この文を書いている北見の部屋がそうだろうと思う。

藤木九三は登山という行為のなかから山岳そのものの本質としてのすばらしい芸術や文学、哲学を探りあてていくが、私もアウトドアは「哲学の道」や「哲学の森」だと思っている。すばらしい出会いがあるから楽しい。

たとえば、苦労して登った屋久島の花之江河の幻想的湿原でも生きもの世界の美学をノートしていたし、夏の利尻島一二〇〇メートルでの一〇日あまりのキャンプでも生きものたちのことをノートしていた。利尻岳の山頂では、石の下からキタアラメニセマグソコガネという珍しい甲虫との出合いがあった。友人のコメツキ学者の岸井尚氏は山頂の石の下から見つけたヒサゴコメツキムシにアイヌの神のコロボックルを学名につけている。

アイヌといえば、一九九八年の春に阿寒湖のコタンを訪ねた時に、ある店の青年は、幾つかの並べられた木彫りのフクロウを見ている私に、「きっと目があうのがありますよ」と言った。確かに目があうのがあってそれを求めて北見の書斎の机の上に置いてある。このフクロウの素材はマメ科のイヌエンジュだと思うが、北海道のどこかの森からやってきたものだろう。

3　野外空間

3―1　自然という空間

私たちが考える自然という空間は実にさまざまで複雑な構造をしているが、よく「生態系」という言葉で表現している。この生態系という表現は適切ではあるが、自然空間の表現としては不十分に思える。なぜならば私たちが侵入する自然空間には、単純で簡単な仕切りとか階層は存在していないが、説明には階層や仕切りがあるように示されているのが普通である。最近、経済学の分野でも使われる「複雑系」というのは、生態系よりも適切でおもしろいかも知れない。自然はまさに複雑・生態系ということになるだろう。

一枚の豊かな自然の絵画があって、そこにさまざまな生き物たちがはめ込まれるのではなく、常に変形を続ける多くの物質、しかもそれぞれに物質の交換がある混沌とした複雑系の構造だと思う。昔からテキストにある一枚の湖畔の絵画のなかに人間が座っているような生態系の模式図には、ロマンはあっても生命世界の説明には物足りない。

自然とはもっと奇妙でわかりにくい世界ではないだろうか。私たちは自然をようやく三次元の世界で捉えたばかりで、生き物たちの関係についてはほとんどわかっていないために全体の構造も明らかではない。

たとえば、擬態ミミクリーという忍者のような生き物の生態行動があるが、まだよくその実態が分かっていない。蛾の仲間のエダシャク*は幼虫が木の枝そっくりで鳥を欺いていると私たちは理解し、樹木の幹に止まった蛾がその姿が分からないほどに樹皮に良く似ていたり、蘭の花そっくりのカマキリ、ある種のチョウそっくりのチョウ、蜂そっくりの蛾*など、人間的な思考ではその本当のことは不明であろう。私たちが鳥の目や昆虫の目で世界を見ない限り理解できない実態であるが、その内に誰かが何らかの見方で説明するだろう。この擬態というあり方と構造はそう簡単に解明されるものではなく、将来、高度なコンピューターグラフィックやホラー映画の世界での手法や哲学などが必要な生物の世界の物語であろう。

もう一つの自然についての問題は、人間が手を入れた自然とそうでない自然の見方と考え方が現在混沌としていることである。

たとえば、一九九八年の秋、北海道でも台風の影響が各所にあって被害もかなりあったし、普段見られない現象も観察できた。道東の常呂川もかなり水位が上がり、北見市の中ノ島公園もかなり削られてしまったし、河畔のヤナギの林もあるところでは根こそぎなくなっている。しかし、一度、河川のどこかに人間が手を入れた場合は、必ずどこかに何かが起こり自然ではなくなるだろう。この時はいつもは見られないカラフトマス*やサケが遡上してきて、少しは昔の自然を再現してくれたのである。

＊エダシャク　チョウ目シャクガ科、幼虫は枯れ枝に似ている。

＊蛾・コシアカスカシバ（スカシバガ科）

＊カラフトマス　サケ科、岩手、富山以北の本州、北海道に生息。今日ではオホーツク海側の川に産卵期に遡上するという。

3—2　生活の空間

私たちが自然のなかで構築する空間と自然の空間について考えてみると、この二者の関係は、ある時は問題なく融合し、ある時は反発し、対立する関係である。私たちが生きるために構築する空間がしなやかであれば問題はないが、自然のリズムや構造に反発する時にはトラブルが発生する。

自然保護といえば、すぐに生物たちへの何らかの行為による干渉を連想するが、むしろ、生き物たちとの住みわけが必要である。京都の東山山麓の道は観光客も多いところであるが、各所に「野犬に餌をやらないで」「鳩に餌をやらないで」の貼紙がある。「哲学の道」でものら猫が人待ちをしているが、人々のほとんどはなぜ餌をやってはいけないのかについて理解できないだろう。北海道知床で観光客がヒグマにパンを与えたが、それがなぜいけないかについてはまったく理解がない。このことについては後で詳しく述べるが、野生生物にペット感覚で対応することが野生生物を破滅させることであり、ヒグマの場合は殺人的行為となる。

自然のなかでは人間は一時的侵入者であることを常に考えるべきで、自然の空間をいかに撹乱しないかについての努力が必要である。北海道知床では野生動物と人間の分が一応構造的には区分されているが、野生動物は常に人間の勝手主義で危険にさらされている。

一九九八年に入って、人間のライフル鉛弾→エゾシカ→オオワシ・オジロワシといった死の連鎖*が問題になっているが、経済的感覚では銅の弾に改めようとはしない。

シエラ・クラブのジョン・ハート*は「ローインパクト法」（一九七七）を提案し、自然のなかに人間が入るときの具体的方法を述べている。その内容は人間がどのような考え方と方法で自然のなかに入ることが他の生物にやさしいかを示したものである。

野外でテントを張って生活空間を造る時に、どのような場所であれば良いのか、その周辺はどのようにすればいいのかということを考える時、二つのことを考えなくてはならない。その一つはまず、他の生物への配慮であり、次に自分たちの生活の快適さの獲得である。しかし、この二つはどうしても二律背反するもので両方を満足させるわけにはいかないが、その時は侵入者である人間がいかに辛抱するかである。

テントを張る時の注意として「ローインパクト法」では次のように厳しく述べている。

(1) 平坦地であること：改造しないために、
(2) 植物がはえていないこと：植物をいためないために、
(3) 水場と道から離れる：野生生物への配慮、
(4) 推移帯（エコ・トーン）を避ける：野生動物への配慮、
(5) プライバシーの尊重、
(6) 安全な場所、
(7) 局所的気象への配慮、
(8) 楽しさだけでなく：あらゆるものへの配慮：長期滞在をしない。

＊死の連鎖 八五ページ参照。

＊ジョン・ハート (John Hart)『これからのバックパッキング』細野平四郎訳 森林書房 一九八〇

3—3　行動の空間

野外での行動の空間＝クロスカントリー・ルートには特に重要な意味があり、人間の配慮が大切である。日本アルプスの航空写真を見せてもらった時に、私たち登山者がいかに山を破壊しているかが理解できた。昔、日本の山稜はハイマツで覆われていただろうが、いまは広く赤肌が露呈している。このような山稜の破壊は雨水によってさらに拡大され、さらに山道での人間のわがままなショートカット（近道して）は一層に破壊を進めるという。

滋賀県琵琶湖西岸の比良山系は、近畿圏の登山者にとっては昔から愛好されているところである。この山系の登山は京都の高瀬川開削などで知られる角倉了以の十一代目の角倉太郎*によって健全で自然を傷つけない方向で開拓された。

比良山系の最高峰は武奈ヶ岳（一二一四メートル）であるが、その山頂直下の登山道も年々穿たれ深い溝状になってしまった。ある時代に登山人口が急増した結果である。

樹木へのビニールテープによる標識も、その結果を知らない登山者によって付けられているのが現状である。京都の北方に広がる京都北山の一部には「北山杉」が殖栽されているが、その杉に標識としてビニールテープを巻付けるために、ある年月の間にはその部分がくびれてしまう。

ある時代、中高年の登山が急増した頃から、蒲鉾板状の「登山記念票」を山頂の樹木に針金で付けるのが流行した。なかにはその登山回数を記録できるような様式のものもある。こんな票は第三者にとっては不愉快なものでしかなく、自然に失礼である。山頂

*『比良の父角倉太郎』佐々木信夫編
遺稿集　ナカニシヤ出版　一九九七

の人間の名前は良識の欠落と醜悪さを見せるものでしかない。

最近、北海道や日本アルプスでは登山記念の石積み＝ケルンが問題になっている。まず美観を損ねること、高山蝶や地表性昆虫の生息場所の撹乱という理由である。もちろん、ケルンを霧の山稜で発見したときの喜びもあるが、やはり山は人間だけのものではないだろう。モンゴルの草原のなかには標識と旅の安泰を祈るオボ*という石積みがあるが、チベット仏教からのものであろう。もともとケルンは道標であったのが、いつの間にか登頂の記念碑のようになってしまった。

私は常に自然のなかでは「哲学の道」という発想をもつことにしている。歩きながら難しいことを考えようというのではなく、歩きながらすばらしい発見ができること、立ち止まって深く考えることなど自然のなかでは最適である。私が何かの壁にぶつかった時や思いあぐねた時には、サブ・ザックを背に京都北山あたりを歩くことにしているが、帰ってくると山の精気をいただいてきたのか晴れやかに、新しい発想を持つことになる。

東山山麓の「哲学の道」は単に哲学的雰囲気があるだけではなく、歩く人それぞれの好奇心や主体性がなければ平凡な自然の道である。梅原猛氏によると、「この道を哲学者・西田幾多郎は午前中のいちばん冴えている時に、カーッと何かに憑かれたように脂汗を流して歩いていた」（一九九六）という。

人によって行動の空間はそれぞれ違った風景を見せるだろう。冬の風景はある人には寂しいものであっても、詩人であればそれを良しとするだろうし、生物学者は冬の芽の形態を観察するだろう。

*モンゴル草原のオボ（ケルン）

4　自然の中でのしきたり

4―1　あたりまえのことをきっちりと

「あたりまえのことをきっちりする」ということが、現代では忘れられているため、いろいろと事件、事故が起こっている。数年前にある女子短大で「生活科」の講義後のレポートに、ある学生が「してもよいこと、いけないこと」というのが家訓であるというのがあったが、大切なことだと思った。これを書いた学生の家庭では、このことがもっとも強く言われるという。

「あたりまえのこと」というのはいわゆるマナーで、生き物が生きていくために最少限の必要な思考と行為である。それは長い歴史のなかで、家、種族、国家、町、村、宗教などのなかで変化し、独特の「しきたり」が形成された。その集団の中でのマナーに外れると「マナーが良くない」ということになり、顰蹙《ひんしゅく》をかう。西洋的マナーの中ではスープを音たてて飲むなどは行儀が悪いことになる。箸で食べる、フォーク、ナイフを使う、右指で食べるなどもマナーの変化の例である。

モラルは道徳であり、それぞれの家、社会、集団、国家のなかでの人間のあり方であろう。東洋的モラルと西洋的モラルは、人間のあり方という根元的な部分でも当然幾らかの違いがあるが、通常それは文化という表現を使っている。

自然観という概念も、それぞれのモラルの多様性があって、均一なものではないことも理解できるだろう。日本的自然観は変遷はあったが、「自然への畏敬」と「敬愛」という恐れの起源をもつものであった。ヒマラヤの山麓の自然観として山は「神々の座」であったが、ヨーロッパでは「悪霊の住処」であった。

日本では山野で仕事をする人々は「田の神」「山の神」を常に意識し、祀ってきた。それぞれの作業と行為には必ず何らかの形での祭事が行われてきた。これらは単なる宗教的な儀式ではなく、ライヘル・ドルマトフ*の研究のように「システム系の維持」であり、梅原のいう「共生と循環の哲学」であろう。

私はパキスタン*でイスラームについて体験的に学習をしたが、コーランの教えは苛酷な環境で持続可能な生活をする時に必要な哲学であると感じた。

モラルが確立されていない社会とか多様性の社会では、どうしてもルールと違反者へのペナルティが必要になってくる。日本社会、特に学校では意味のない偏見に満ちたルールが作られるが、これは指導者の能力とやさしさがないことを意味している。ルールは規制ではあるが、人間の弱点である、うっかりする、忘れるといった部分をサポートするものである。

マナー↓モラル↓ルール↓生活のシステムが構築されていることが人間には必要なことであり、生物世界のしきたりの哲学でもある。このことは先住民族から多くのことを

*ライヘル・ドルマトフ　一九七六年に「Cosmology as Ecological Analysis」の小論文を発表。吉田禎吾が「生態系の思想――ある未開社会の宇宙像」（『学燈』八〇（四）・一九八三）に紹介。

*パキスタン

学習できたはずであるが、それらを振り返る時間を持たずに走り続けた結果が今日の無惨な様相である。

やはり今の時代こそ、私たちは野や森に入り、立ち止まって先住民の知恵やしきたりを考える時であろう。*トンプソン・シートンはアメリカの先住民の知恵で青少年の野外での活動をサポートしたが、そのあり方こそが教育の原点であった。私たちはそれを忘れて知識とエゴの世界の教育に入ってしまった。二〇世紀末に、書店にシートンの『動物記』が並び始めたが、再読の良い機会である。

私が二一世紀は「普通のものを大切にする時代」という発想を持ったのは、『日本YMCA研究所紀要』の青木茂・古谷圭一両氏の対談（一九七八）であり、それは素朴な意味での自然のセンスを失っていることを指摘し、「非常に素朴な意味での自然です。手を触れられていないそれ自身としてある素朴なものに対して、一種の〈畏敬の念〉とまではいかないにしても、美しさや共感といったセンスが失われているように思うのです」とする。

この思考はキリスト教的なもので、今西錦司の日本的なものとは少し異なるかもしれないが、自然への共感は同様である。素朴な自然とは、二〇世紀末にないがしろにされた「普通の自然」であろう。

北海道の小清水を拠点に活動されている『キタキツネ物語』で知られる*竹田津実さんも「普通のものを大切に」ということを常に書いておられる。

私は一九八〇年「*自然活動学」を提唱し、六項目を示した。すなわち、「自然の中で

*トンプソン・シートン（Ernest Thompson Seton 一八六〇〜一九四六）アメリカの動物文学者。イギリス生まれ。

*竹田津実　一九七八年にヒットした映画『キタキツネ物語』の動物監督。

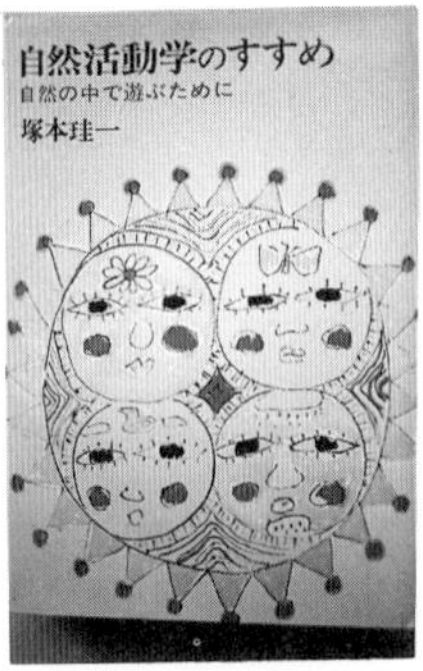

*『自然活動学のすすめ』塚本珪一著

のあり方」「生活と生存のテクニックとして」「遊び」「まつり」「自然の中での人と人のあり方」「新たなる可能性」である。続いて、一九八二年『アウトドアー・ライフサイエンス』では「積極的に生きるために」「自分の頭で考え行動する」「遊びを求めて」「動物への回帰」「生存のテクニックを求めて」「仲間との協力と連帯」「未知なるものを求めて」の七項目を示した。これらはすべて後にエコ・ツーリズムの要件を考える基本となった。

「新たなる可能性」「未知なるものを求めて」はエコ・ツーリズムの原点であり、「積極的に生きるために」はソローが示した生き方である。「動物への回帰」は社会的動物としての人間を意味し、フランクら*の示す、やさしさの条件としての「社会的責任」である。

4―2 やさしさ

野外での活動の原点としての自然と人への愛は「やさしさ」という言葉で表現できるだろう。阪神・淡路大震災の教訓が「やさしさ」と後で述べる「しなやかさ」であったが、一本足の高速道路でだめなら二本足にしようという発想はあっても、都市間交通は列車でというヨーロッパ的発想はない国であることが分かった。

先のシェラ・クラブのジョン・ハートのローインパクト法は「やさしさ」という思考ですべてを説明し、その基盤には人々の社会的責任というものが存在している。

私はドイツのフライブルグの旅で、フランクらの『ソフトツアー』という本を手に入

* Frank Thiel & M. Homrighausen『Reisen auf die sanfite Tour』Alo-verlag Verag Die Werkstt, 1993

れたが、それには「やさしい旅」という項目があって、それは、やさしい旅は環境と調和し、社会的な責任をとっている旅である。環境に調和しているということは、人間・動物・植物が共同生活の基本としている自然を保護することである。大気、土、水を大切にし、慎重に利用する。社会的な責任をとっているということは、地元の社会秩序と発展を配慮することを意味する。生活条件の安定、自治権利、文化価値の保護、生活水準の改善、人間らしい職場などを含めている。やさしい旅は地元にとって経済性があり、客に保養を与えるとする。

このことは二一世紀的なアウトドアー・ライフやエコ・ツーリズムの基本的考え方を表現しているものでもある。

「やさしさ」は自己への愛であり、仲間や友人への愛と自然の生き物への敬愛であるが、それらが社会的責任という構造をつくるものであろう。日本では自然への畏敬の念と敬愛の心は育まれていたが、ある時代からエコよりエゴが芽生えて自然への畏敬の念と敬愛の心を失い、社会的責任と自己責任という構造を失った。その構造の崩壊は二〇世紀末で最大のピークを見せたのである。一部の官の卑しさ、金融業の攪乱と狂乱、地方行政の汚職は経済界を崩壊させ倒産と失業が始まった。この大人社会の混乱が子ども社会に波及して、これまでになかった事件が始まったが、大人たちは執拗に子どもたちの側にその罪を押し付け反省の心がない。言い換えれば、子どもたちも大人社会のいいかげんさの中でやさしさを失ったといえよう。

やさしさは自然への愛のなかで育まれると考えられるので子どもたちを自然のなかに

連れ出したい。

4―3　しなやかであること

「しなやかさ」とは自然のリズムに自己のリズムを合わせることで、いきらず、傲慢にならずに動物のように生きることである。野外生活には動物への回帰というすばらしいあり方があって、自然の厳しさも暖かさも感受できる。三重県伊賀の森の冒険キャンプで一人で二四時間森のなかで過ごした少年は動物になっていたに違いないだろう。どのような小さな音も研ぎすまされた耳には聞こえていたに違いない。このように自然のなかで重要なことは、動物の目や感覚ですべてをとらえることであろう。

私は一九七七年の日本K2登山隊に参加して、ベースキャンプとなった氷河の上で約二カ月生活したが、今思えばその時は動物になっていた。夜には背中の下の氷河が軋む音が聞こえ、K2側の斜面での雪崩の音が聞こえてくる。それらの音は単なる振動ではなく、氷河の上で生きる者たちへの警告音であり、リズムだった。ときには夜中にテントを飛び出るほどの振動音に驚かされた。この時の仲間の原田達也、土森　譲、広島三朗、中込清次郎の四人と山の友人の菊田佳子さんらが、*K2登山二〇周年記念のスキルブルム峰に登頂し、このK2ベースから少し離れた氷河上で雪崩の爆風で帰らぬ人となった。私たちがいくら安全だと思っても自然の複雑系はまったく理解できていない。

今日、私たちは五感を使っての生活を忘れてしまっているのではないだろうか。自然のなかでしなやかになるということは、五感を使っての生活をすることであり、動物へ

＊神奈川ヒマラヤ登山隊　一九九七
一九七七年の日本山岳協会K2登山隊の原田達也、広島三朗を中心に結成された「神奈川ヒマラヤンクラブ」は最初カラコルムのチョゴリザを目標にしたが、インドとパキスタンの紛争のためスキルブルム峰七三六〇メートルに変更された。
八月二〇日未明、BCにエンゼルピーク側からの雪崩爆風により原田達也、土森譲、広島三朗、永澤茂、中込清次郎、菊田佳子の六名が不帰の人となった。
報告書は神奈川ヒマラヤンクラブ『スキルブルム7360　夢は白き氷河の果てに』一九九八

の回帰である。ハーブの店に入り込んだような香りの森や春の日の草地、フキノトウとミズバショウのある湿地の香りなど自然には豊かな空間がある。さらに良く見れば慌ただしく飛ぶ緋色の小さな蝶はコヒオドシだったし、ハルニレの森*にも蛇の目紋のあるクジャクチョウがはねを休めていた。その森の連続音はコゲラだったし、私の知らない小鳥の声もいっぱいあった。

それに森には森全体を包んでいるかのような少し暖か目の空気があった。そのおかげで私はエゾヒメシロチョウらしき小さな蝶を追っかけたり、枯木の表面のカワラタケの仲間の裏面の昆虫の検証もできたのだった。

ともかく動物の視点で世の中を見ることが「共生」だと思う。カラスになったり、キタキツネ、エゾシカになって初めて人間の所業が分るのではなかろうか。動物への回帰は動物の気持ちになって考えるということで、共生という無理難題を解明する一つの方法であろう。

4—4　跡を残さない

跡を残さないことは、先述のジョン・ハートのローインパクト法にも明記されているが、人間は何らかの形で跡を残すことに専念してきた。先住民族や遊牧民の生活の中にはそのような跡を残す文化が見られないのはすばらしいことである。廃棄物のリサイクルは都市の美徳のように表現されるが、不要な物を造らないこと＝再利用＝reuse が美徳であるはずであるが、いまの世の中くだらないものを造りすぎている。ある時、私は

*ハルニレの森（北見・中の島公園）

森本武*の『負のデザイン』という本に出合った。すごい内容の本でいつ発禁になってもおかしくないが、二一世紀の一つの指針である。「止める」「減らす」「小さくする」「省略する」「放置する」という語彙が並び、「生物的時間」を尊重することを提案している。自然のなかでの生活にもこの「負のデザイン」の発想は必要である。

野外の生活で跡を残さないためには、次のようなことが要件である。

(1)できるだけ物を持ち込まない：最少限の装備と食料。

(2)持ち込む物の再包装：余分な包装はやり直す。

(3)すべて持ち帰る：汚物などを埋めない、燃やさない。

(4)現地調達をさける：燃料としての立ち枯れや倒木などの利用を考えない。

(5)持ち帰るための予算を計上する：特に海外登山など。

(6)環境容量に従った利用者の人数制限が必要。

一九七七年の日本K2*登山隊は「跡を残さない計画」を提案し、各係からの計画書の提出を求め、その総合したものを隊員に配付した。しかし、結果としては完全でなく当初の計画の五〇%の出来であった。隊員の理解は良く、酸素ボンベやザイルなどはできる限りベースキャンプに降ろすことができたが、高所でのゴミ処理は燃やすという手段しかなかった。プロパンボンベなどを持ち帰るための予算を計上してあったが、登山期間の延長などで不可能であった。しかし、後になって地元のポーターたちが取りに登ってきて再利用していたという。キャラバンのポーターのために石油コンロを支給したがやはり倒木や樹木の利用があった。

*森本　武『負のデザイン』JDC　一九九六

*カラコルムK2峰（ベースキャンプ付近）

今後の傾向として、アラスカやカナダの自然地へのエコ・ツーリズムが行われるだろうが、厳しい規制が必要である。右に示したK2登山の事例は非常に実行が難しいがやらねばならないことである。ヒマラヤの有名な高山の登山基地はかなり汚染され、山中にもテントや装備が放置されているという。完全な登山が少ないのであろう。

日本人は経済の高度成長期にすっかり懐柔され、今日のように不況であっても、まだ飢えを知らないためにあらゆる決断が遅れている。今日こそ日本的モラルの再構築について真剣に具体的に考えなければならない。さらに社会の基本的なあり方についても、西洋文化を享受した日本人は西洋的モラルの部分を全面的には受け入れなかったし、プライバシーを守ること、契約について、個人の権利・義務などは、日本ではすべて妥協ということになりがちである。このような日本的モラルでは国際社会に通用することは無理であるから、倫理観、価値観、自然観などの根本的改革が必要である。

社会的責任を失っているという事実を認識し、自然のなかでのやさしさの条件には、西洋的発想として社会的責任があることの認識も大切である。

知的社会への改革も重要な課題で現在、言論・出版の自由という表現のなかでの人間の尊厳の冒涜があることに気付かねばならない。

モラルについては日本的な教育では「人間関係の調整」はあっても、西洋的な社会的責任、自己責任が少ないために人格の形成、個の育成にならない。

4―5　サスティーナブルとは

現代しばしば耳にするエコ・ツーリズムは混沌としてまだ市民権を得ていないだろう。その原因は、みんながそれぞれの思いでエコ・ツーリズムを語り利用しているからであると思う。エコ・ツーリズムのきちんとした概念を明確にすることから始めるか、グリーンツーリズムなどと同様に成り行きに任せて市民権を得るようにするかである。いずれにしてもこの消失するかもしれない二〇世紀末のけなげな発想をなんとか持続したいものである。最近、持続可能な観光・開発、持続可能な経済学＝サスティーナブル…などという表現がきわめて通常になっているが、その概念は確定されずに曖昧なままに使われているのではないかと考える。

一九九二年にリオデジャネイロで開かれた「開発に関する国連会議」の中核にある概念が「持続可能な発展＝sustainable development」である。その概念は森岡正博*の紹介にあるように「将来の世代の人々が彼ら自身のニーズを満たすための能力を損なうことなしに、現在の人々のニーズを満たすような発展」（一九九六）としている。さらに、この概念には人間以外の生命体や自然それ自体の「内在的価値＝intrinsic value」は、基本的には考慮されていないとしている。このことは二一世紀は共生の時代であるが、共生の概念の確立のないままに今日に至り、そのことがいかに困難であるかが理解できていないで使われている現状と同じである。

観光とかアウトドア・ライフについても「持続可能」の概念について考えてみると、

＊森岡正博　「ディープエコロジーの環境哲学」（『講座・文明と環境　第一四巻』）環境倫理と環境教育　pp. 45-69　朝倉書店　一九九六

になる。

次のようになる。まず、環境・自然について、次に経済性、その他について考えること

人類史から考えると「自然学」を提唱した今西錦司が示したように（一九八三）、人類が自然の中に埋没していた時代から共生の時代、そして征服の時代に入って、二一世紀はマーフィー*のいう「環境と経済が支えあう時代」（一九九五）ということになるのではなかろうか。しかし、今の二〇世紀のように環境と自然が経済を支えていたという恐ろしい時代の終焉がはたして来るのであろうかという疑問が残る。

それで、自然・環境といったキーワードからは、「美しいこと」「生命維持システム」「負のデザイン」といった三項目を考えてみた。

美しいこととは生命の多様性があることと、環境倫理の一つの柱である生存権の問題が満たされるということだと考える。必要なのは、さまざまな生命が満ちあふれている世界の構築への努力である。また、美しいということについては、今西錦司の提唱する「自然学」の概念で、それは共生以前の考え方である自然への畏敬の念と敬愛であろう。

次に生命維持システムが構築されているということは、もう一つの美しさということであって、生命の存在する空間に循環型システムがあり、エネルギーの出入力のシステムがあって、エネルギーの中断がないことであろう。このことはもっと簡単に述べればゴミの分別収集とリサイクルのシステムがあることである。

人間が自然のなかに入る時には、先に述べたジョン・ハートの提唱したローインパクト法の学習がなければならないだろう。それは自然のなかに入る人間がいかにすれば自

*Peter E. Murphy「観光と持続可能な開発」『観光の地球規模化』玉村和彦監訳　晃洋書房　一九九五

然にインパクトを加えないかについての方法を学習していることを意味している。

次に森本武氏の提唱する「負のデザイン」は、「省略する」「小さくする」「中止する」などのキーワードをもつ概念である。この概念は観光という分野でも「そのままの自然」「普通のもの」を主題とした観光開発を提案するものであると思う。これまでのほとんどの観光に関連する開発が、「何かをつくる」ということにのみ力を尽くしてきたが、世紀末のいま、立ち止まって考えることが必要である。

観光空間の時間も森本武氏の示すように物理的時間ではなく、生活者と観光者の生命の時間、すなわち、生物的時間を大切にするということになるだろう。経済というキーワードからは、コミュニティー、環境と経済、旅行者といった項目があるだろう。

コミュニティーの構造は住民・企業・行政・NGO・観光客が共通のデザインと哲学で構築されていなければならない、このことは市民生活・市民活動・観光客という三者がなんらかの接点をもって結合していることでもある。さらに、観光資源・利益の配分が適正であって、地域住民の生活の質の向上がなければならない。

観光産業学科の学生のレポートのなかに「地元住民に関わりのない観光地、そこに住んでみたいと考えられないところは持続性がない。人々がゆとりを持ち潤いのある生活を送っているようなところを見たいものです。そこから新しい発見があって、新しい発想があって自分たちの暮らしに役立てることが新しい観光だと思います」とあった。

この快適な町づくりが持続可能な観光だという意見はすばらしいと思った。一九九六年六月の日本観光学会の「持続可能な観光」というテーマでのパネルデスカッションでも、学会会長の西岡さんが「住んでいる町を楽しいものにする」という意見を出されたが、これらの住民重視の思考はすべての基本になるものである。

環境と経済という視点から持続可能ということは、環境にやさしい施設・商品と、適正な価格での提供と適正な利益などの問題である。ともすれば環境と経済という二者は相反する立場をとり、相入れないものである。京都市消費生活センターは毎年一二月に過大包装追放のための過大包装審査会を開き、市民モニターが選んだ一〇のワースト商品を選んでいる。一九九六年一二月のワースト一位は五、六重の包装が施してある「お茶漬け詰め合わせ」であった。しかし、なぜか見逃されている商品も多く、たとえば百貨店経由で送られてくるクッキーセットのようなものは、玉葱的な過大包装で環境にやさしい商品ではない。私たちも京都にやってくる修学旅行生とのエコ・修学旅行時には、環境にやさしいお土産とは何かを話し合ったのであった。

旅行者には高度な経験・体験、質のよい文化の提供がなければならないし、旅行者は旅行先に物質的、知的な貢献がなければならない。

4—6　エコ・アウトドア・ライフ

二〇世紀末は何でもエコの時代であったが、エコをエコロジーとか生態学と訳してしまうとエコ・ツーリズムが「生態観光」とかエコ・ライフが「生態生活」などと野暮ったくなる。むしろエコ・〇〇は世紀末のファッションと考えればいいだろう。

エコ・ツーリズムというのがある時期現われたが日本人の思考には馴染めないようで

あった。もともとエコ・ツーリズムは南北アメリカの繋ぎめのコスタ・リカで出現した。「コスタ・リカすべてが自然」といったスローガンのもとに、自然の美しさと多様な動・植物を紹介し、滞在型観光客を求めたもので、人と自然にやさしい旅の原点となった。

エコ・ツーリズムは、簡単な理解としては「自然観察旅行」であり、能登半島の突端遥か洋上の舳倉島へのバードウォッチングや小笠原付近の鯨ウォッチングもエコ・ツーリズムである。海外でもダーウインで有名なガラパゴス諸島のツアーとか、ヨセミテ渓谷のツアーなどさまざまなメニューが用意されている。

エコ・ツーリズムのガイドラインとしては、いろいろなものが提案されているが、その共通するところは、まず、旅行者、地元住民がその自然の資源の価値と先住民の文化の認識をしっかりもっているかということである。ほとんどの場合、地元でもその自然などの価値の認識が低いようであるから、学習会やウォッチング会が必要である。

旅行者が多くなるにしたがって環境への影響は増加するが、この対策としては何らかの規制が必要で、世界一美しいニュージーランドのミルフォード・トラック*は人数制限をしている。さらに受け入れ側の環境へのインパクトをいかに抑えるかの認識が大切である。ニュージーランドのモエラキ原生林では、一泊では原生林の良さをみることはできないから二泊はして欲しいという考え方も立派である。

旅行者と地元住民のコミュニケーションを持つことは単に親睦ではなく、お互いに自然の価値を再認識するという大きな部分がある。旅行者の現地への貢献として、経済的貢献と知的貢献があるが、知的貢献の場としても交流の場は必要である。

*ミルフォード・トラック

一九九四年の私たちの屋久島エコ・ツアーでは、西部の永田*で調査のボランティアグループとウミガメ保護について焼酎を飲みながら懇談し、その後にウミガメ産卵を見学したが効果は大きかった。ボランティアグループは全国からの自然愛好家や研究者の集まりで、その人たちの苦労は大変なもので、まず、地元の人たちの理解を得ることから始まったという。日本の場合は、価値ある資源には企業や土産物屋は集まっても、それを保護し研究する者は常に虐げられることになる。永田でも少なくなっていく砂をまだ狙っている業者があるという。

町づくりも野外生活の場も企業、住民、行政、旅行者のトータルなデザインの必要性などを挙げることができる。私は*エコ・ツーリズムについてのガイドラインを一九九六年に提案しているが、その内容はエコ・アウトドアライフのあり方でもある。

目的地は自然地であることが望ましいが、都市であってもアーバン・エコ・ツーリズムという発想で可能である。都市の自然もそれなりに聖域であり共生という生きざまが見え隠れするところである。たとえば京都御苑も蝶類は五三種、野鳥は約一〇〇種、キノコは五〇〇種ほど観察できる。鴨川の河川敷きも水鳥の観察に適している。市中のウオッチングをやってみると、京都の文化の基調となっているのが自然であることが良く分かる。

旅行者はエコ・アウトドア・ライフの理解と、現地の自然の価値の事前学習が必要であり、地元住民の自然と文化の価値の学習が必要であろう。旅行者と地元住民の交流のシステムと場があることが望ましい。それは資料館であってもいいし、街の居酒屋でも

*屋久島永田　ウミガメの足跡

*塚本珪一「エコ・ツーリズムについて」北見大学論集　三五号：四一一二　一九九六

いい。ニュージランドではホテルのバーが夜には地元の人たちとの交流の場となって、ツアーのあり方を話し合った。

ツアーの質と内容は自然と人にやさしく、しなやかであることはいうまでもないだろう。旅行者は現地に何らかの経済的貢献と知的・技術的貢献をすることが必要である。ガイド、インタープリターは高度なトレーニングを受けているか研究者であることが望ましい。屋久島の永田の大牟田一美[*]さんはウミガメの研究者であり保護の実践者であった。

旅行や行動の速度は緩やかであることが望ましい。自然にやさしい旅や行動ほど時間の流れは緩やかである。

旅行者は社会的責任を持たねばならないことについては別に述べているが、西洋の知恵として受け止め学ばねばならない。

エコ・ツーリズムが地元に経済的効果をもたらす時、その効果が現地の文化、自然、生活、モラルを改変しないようなシステムと方策が必要である。

私の所属している環境NGOの「環境市民」[*]ではエコ・ツーリズム研究会があってエコ・ツアーを企画して実施している。石垣島白帆の珊瑚礁、屋久島、ニュージランド南島モエラキ原生林、京都府美山町茅葺き屋根集落と芦生演習林、石垣島と西表島などにエコ・ツーリズムのあり様を求めて行動している。

さらに京都にやってくる中高生のためにエコ・修学旅行を研究企画し、これまでに多くの中高生を受け入れて実施している。このエコ・修学旅行の研究で最初はいかに環境

*大牟田一美　『屋久島ウミガメの足あと』　海洋工学研究所出版部　一九九七

*「環境市民」　京都に基盤を置く環境NGOで代表は浅岡美恵。機関誌『みどりのニュースレター』を発刊している。エコ・ツーリズム研究会、エコ・シティ研究会など多くの活動が行われている。

*北アルプス徳沢園でのエコ・ツアー

にやさしい旅をするか、旅の中で自然や環境問題をいかに学習するかについて考えていた。しかし、修学旅行の現況調査の結果、環境への配慮したライフスタイルを身につけるためのプログラムの必要性を知ったのである。日常のライフスタイルをそのまま自然の中に持ち込むことは恐ろしいことである。

野における儀礼というか儀式のことを少し考えてみたい。昔から木を伐る時にも祈りがあったし、狩猟の時も山の神にことわりを入れた。農業でも虫を殺せば虫供養を行ってきた。モンゴルのゲルで馬乳酒を飲むときも神へ捧げる儀式があった。私たちも山登りをやって無事下山すれば神への感謝を込めて酒を飲む習慣がある。酒を飲むことは神との接点を持つためであると言ったら、「それは単に酒飲みの言い訳でしょう」と反論されるかもしれないが。

儀式の意味は人それぞれに考えがあるだろうが、今の時代には再考の余地があると思っている。もともと儀式とか儀礼は、人と人の関係のなかで必要なものであったと考えるがこれからは意識を大きく変えて生きとし生きるもののなかでの関係であり、自然という巨大な空間のなかでのあり方だと思う。

このことを考えたきっかけは、一九九八年九月一六日に北海道常呂川で北網圏ボーイスカウト連盟の三五周年記念リバーサイドフェスティバルに講師として参加した時のことである。約一五〇人ほどの子どもたちが私たち講師が開設した環境問題コーナー、植物コーナー、昆虫コーナーにやってきてウオッチングや解説を聞いたりして半日を過ごした。

そして、閉会式で子どもたちは私たち講師に挙手の礼で感謝をしてくれた。さらに子どもたちは常呂川への感謝をきちっとするのだった。私は何か忘れていたものを思いださしてくれたと思った。

自然に対して畏敬の念をもってということは常に考えていたが、ボーイスカウトのようにきちっと感謝の念を形で示したことはなかった。儀礼という形から精神世界に入るという方法は一般的ではあるが、この日の子どもたちは、それぞれに川への感謝ということを考えたとするならばすばらしいことだといえる。

先日、あるクリスチャン系の学校で昼食を頂く時に神への祈りをし、その日の集いの意味をきちっと唱えていることも単なる祈りではなくすばらしかった。

一九八三年のカラコルム六八八五峰*登山の時に、パキスタンの連絡将校のキャプテン・タヒールは独立記念日の朝からキャンプ周辺の花を摘んでトレーの上に美しく飾っていた。そして、正午には私たちも起立し国旗を掲揚して挙手の礼で独立を祝った。これも単なる儀礼ではなくすべてのものへの感謝に通じるものだと思った。

子どものキャンプでも食事の時に具体的に食への感謝、生きるものへの感謝を述べて合掌をすべきであろう。形式的な「頂きます」を越えたものがあってもいいと思う。

*六八八五峰　西部カラコルムのクアール氷河源頭にある六八八五メートル峰、一九八三年、京都府高等学校登山部顧問団は登山と学術調査を行った。登頂はできなかったが、学術的に大きな収穫があった。

「パキスタン・ありがとう」カラコルム・6885峰登山隊報告書

5　野外の生活のために

5―1　野のファッション

　もともと野外と日常の服装に、そう大きい違いはないことをまず考えるべきである。日常の服装には、カジュアルとフォーマルな区別が一般的にはあるが、野外でも同様で自然の生き物たちに失礼のない服装をすべきだと思っている。テントや山小屋の中ではどのような服装であってもいいが、森を歩く時には真っ赤なシャツを着ることによって野鳥などを驚かすことになる。このことは先に紹介した「ローインパクト法」にも明記してあるルール*である。

　もう一つは、自然というものは現代の人間の行動や生活に適して構築されているものではないから、私たちは自然の中での行動を考えた服装をしなければならない。それは、植物の鋭い刺や吸血性の昆虫から野生をすでに失っている私たちの肌を守るための服装を考えることになる。

　寒暖の差や行動の違いによって、服装を調節することは日常も野外もほとんど違いはないが、野外ではその調節が適切に迅速に行われなければ危険が伴うことになる。豪雨、

*「ローインパクト法」のルール　三一ページ参照。

雷雨、吹雪、凍結、熱暑、落石、泥流、突風、砂嵐など多くの現象には適切で迅速な対応が必要で、対応できる服装が必要になってくる。もちろん、服装だけではなく持ち物や対応の技術が必要であるが、それについては別項でも述べる。

街の生活と大きく異なるのは、行動時に衣服のスペア、すなわち着替えを持ち歩くということであろう。ある野外のテキストには「着替えこそが最良の雨具」というのがあったが、その通りである。

野外の服装、ウエアでは特にトータルなデザインという意識が必要である。このことは街でも同様ではあるが、野外では街では身につけないようなものを着けることを考えなければならない。それはザックであり、少しハードな靴などである。例えば、帽子は野外では必需品であるが、大切なのは自分に似合ったものをいかに選択するかである。

アルプスのガイドでもあったガストン・レビュファ*の映画が日本で上映された時代から、一般の登山者もニッカボッカをはき始めたが、足の短い日本人には似合わなかったのを思い出す。もちろん、はき方がだらしなく良くなかったせいもあった。

またある時代、ワンダーフォーゲル部ではNo.入りのユニフォームのシャツが流行したが、それらが集団で駆け降りてきたり、キャンプ場で声を掛け合いながら行動する様は特殊部隊の訓練のようで気味悪かった。

ある時期には大学や短大の学生たちが、そのままヒマラヤ登山に出かけることが可能なようなファッションもあって楽しかった。いまだに学生たちはデイ・パックだけは愛用している。

*ガストン・レビュファ『天と地の間に』近藤 等訳、新潮社 一九六三

5―2　アウトドアのウエアは

日常と野外の服装は同じであると言ったが、やはりその意識とかそれを身につける理由が必要である。難しく言えば野外の服装の哲学である。

まずはローインパクト法という原則があることはいうまでもない。自然の中に埋もれるような姿で、ローインパクト法のいう軽量人間になることである。先に揶揄した忍者のようなワンゲルの服装もいいのだが全員同じということは個性と主体性がない。

例外としては、昔アメリカでバッファロー撃ちが仲間から撃たれないような目立った赤のチェックのシャツを着たという名残は現代にもある。

自然の中に埋もれるような姿では救援を求めるような時には困るから、ローインパクト法ではオレンジや赤色のバンダナ*や、一・八×一・八メートルのビニール・シートを携行してシグナルに使いなさいという。このバンダナとシートは実に不思議なものでその使い道は無限にあるだろう。危険への対応だけではなく、楽しいアウトドアー・ライフのためにも役立てることになる。

野外でも日常生活と同様にレイヤード・システム、すなわち、重ね着のシステムが必要である。いちばん下は綿のTシャツ、その上に綿またはウールの長そでシャツ、そして、上着、下半身も同様で、一応長ズボンであるのが基本である。この基本から状況と季節によって脱ぐなり、上にさらに重ね着するなり、素材を違えたものに交換する。素材の性質と織り方の性質を考えなくてはならない。同じ綿でも緻密で厚手のものは夏の

*バンダナ　用途は多い。

日には通気性が良くないために熱射病の原因となることもある。

綿、ウール、化学繊維、混紡などのもつ特性をうまく利用することが好ましく、また同じものをかなりの期間にわたって着続けなくてはならない時の、汚染による繊維と目の変化なども考えなくてはならない。最近では軽量で暖かい素材がいろいろとあるから防風性のある上衣・オーバーズボンと併用する。野外での行動中は面倒がらずに着たり脱いだりすることによって調節ができ快適な行動ができる。

私は一九八〇年より中国西端のシンチャンウイグル自治区の登山*を始めたが、夏の日に、砂漠状の所を横断するような時には羽毛服を上に着ていることがかえって涼しかった。重ね着のシステムは手袋や靴下にも応用できることはいうまでもないが、靴下の場合は靴のインナーの素材や靴下の素材と厚さに関係がある。

ウエアの構造＝仕立てにおいても、野外で着用するものには工夫が必要であろう。野外の行動では腕を上げる、脚を上げる、屈伸する、無理な姿勢をとるなどが多いためそのことを考えた構造が必要である。それに加えて岩場やブッシュ帯での行動、雨中の行動などもあるためダブダブであっても困る。ポケットもしっかりボタンが掛るとか、ズボンのポケットも位置をずらすとかボタン、ジッパーにするなどの工夫があってもよい。ロングソックス＋ニッカボッカや、ロングスパッツのスタイルはアイゼンなどでズボンの裾を引っ掛けない、泥がつかないといった点でも評価できる。

野外生活ということは、あらゆる行動と作業があるため、それらに対応した服装が必要になってくる。野外でのスポーツについては触れないが、登山的な服装も必要である

*コングール　中国西端の七四一四メートル峰、京都・カラコルムクラブでは一九八〇、一九八一、一九八九年に登山隊、学術調査隊を出した。一九八九年に九名が全員登頂。

右端が七四一四メートルのコングール山頂

し、冬期であればスキーの服装も必要になってくる。

野外での生活は、食事をつくるという仕事があり火を使うから、特に子どもたちは長袖、長ズボンといったものがいいだろう。岐阜県の美濃山中に入ったときに日中はアブに攻められ、夕方にはブユ、夜には蚊が多く大変だったからいやでも長袖と長ズボン、帽子が必要であった。

ある時期、ファッションとして膝やお尻が破れたジーンズのズボンが流行したが、きちっとしたキャンプ、自然学校ではそれらは禁止している。ともかく長ズボンの意味がなく、また自然に失礼なことだと思う。

5—3　なにを持ちますか

野外生活をしていると、いろいろなタイプの人との出会いがあるが、ドラエモンのポケットのようにザックの中から、次々といろんなものを取り出す人に何人か出会っている。

これにも二つのタイプがあって、一つはともかく何でもかんでも持っていて運道具店のまわし者のようなタイプで、たいていは嬉しがりである。しかし、コーヒを沸かしてくれたり、音楽を聞かせてくれるなど有益な面もある。もう一つのタイプはともかく装備について創意工夫を心掛けている立派なアウトドア人がいる。ザックはもちろん手製であるし、中には男性で手袋やセーターまで編むことのできるのがいるから恐ろしい。

私などはそのような立派な人々からの情報をうまく盗んで装備を整えている最も要領

の良い者である。装備についてまとめると、次のようになる。

(1)装備は質の良いものを選択すること　材質の良いもの、縫製の良いものなどを選択する。ロシアのカフカス*山中で縫製の良くないザックを岩場で吊り上げている時に同時に二つ共にちぎれて落下させた苦い経験がある。

　カタログ販売でスイスのアーミーナイフの紛い品を購入して、すぐに切れなくなった経験も苦々しい。

(2)行動の目的に適したものを選択する　特に靴、ザックなどの選択は行動内容で違ってくる。靴であれば、荷物の荷重によって異なり、荷重が大きくなればハードな靴を選択する。また、季節、行動、フィールドによって違ってくる。長期間のフィールドワークではいろいろ付いているナイフは便利であるが、日帰りや短期間であればシンプルなものがいい。

(3)耐用年数　プラスチック系の靴の長期使用の破壊があったが、すべて装備には寿命があり、購入時の年月日を記入しておくべきである。特にロープのように生命に直接関わるものもあるから注意が必要である。

(4)使用後の手入れとメンテナンス　ほとんどの装備は使用後の手入れとメンテナンスによって耐用年数が異なってくる。ビニールテープのような現場でのメンテナンスに役立つものを携行することも一つの技術である。

(5)予備を必要とするもののチェック　懐中電灯の電池、電球、カメラの電池、靴紐など。

＊カフカス　南面からのウシバ峰

(6)必要であるものとそうでないものを選択する　慎重になり過ぎると多くのものを持って行くことになる。集団での行動であれば個人装備もチェックすればうまく配分して持つことになる。

(7)装備携行法の工夫　寝袋はもちろんのこと、それぞれを入れる袋を使用してまとめる。カメラなどはキルティングの袋に入れる。行動によっては一つひとつの袋をさらにビニール袋に入れ、ザックの内側に匹敵する大きなビニール袋に入れる。奈良県の大台ヶ原の豪雨の中を歩いた時にいい加減な梱包ではザックの中のほとんどが水で濡れた経験がある。

ナイフや水筒などに三〜四ミリ径のロープを適当な長さでつけておくと便利であり、そのロープがいろいろと活用できる。

最近は文具・事務用品などの種類も多く楽しいものがたくさんあるから、その中でアウトドアーで使えるものを探すのもいいだろう。私はマップケースにファスナー付きの透明な書類ケースを使っているが防水性もあって便利である。

(8)楽しいもの　最近手にいれたボイスレコーダーは手のひらに入ってしまうほど小さく、軽くて愛用している。

どうも歳をとると忘れっぽくなってメモをしてもメモを見ることがない。子どものキャンプで友人のN君がボイスレコーダーを嬉しそうに使っていたので「これだ！」と閃いた。私は京都御苑や北海道で環境庁の昆虫調査をやっているので見つけたものを常に記録する。「二月二日一〇時、京都御苑、母と子の森、アカタテハ」とフィールドノートに記録するが、これをレコーダーに入れてパソコンに繋ぐと記録される。ある日、北見バスの時刻が変更されたので、バス停でレコーダーに時刻を読み取りパソコンに入力しておく。

このレコーダーは日時も記録されるので便利である。酒を飲んだ時などすばらしいアイデアが浮かぶのだがすべて忘れている、これからはこのレコーダーに思いつきを入れておくことにしよう。

高度計は昔からスイスのものを愛用しているが、街でも山でも晴雨計として使えるもので、先に述べたように山での気象観測の主役である。

スイスのアーミーナイフ[*]はいろいろと付いていて欲しい物の第一番目のものであった。約一万円したのですぐには買えなかったが、一九七七年にK２登山隊に参加する時にはやっと購入した。数えたことはないがともかくいろいろ付いていておもしろく楽しい。鬚が伸びると鋏で刈り、羊肉を食べる時にはナイフで切る。それに、ルーペまで付いているから上部キャンプから送られてきたノミの観察もできた。その日の交信で「塚本先生、ノミを発見しました。ハイポータに託します」と言ってきたのである。しかしこのノミは七〇〇〇メートルに生息していたのではなく、送り主の高塚武由君がキャラバン途中で身に付けて運んだものである。

ジッポーのライターも欲しくって買ったが煙草を止めてからはオイルを入れるのを忘れてフィールドで使えないことが多かった。そのライターにはサバイバルギヤーが付いているのがあったのですぐに購入したがまったく使っていない。一枚の金属板にいろい

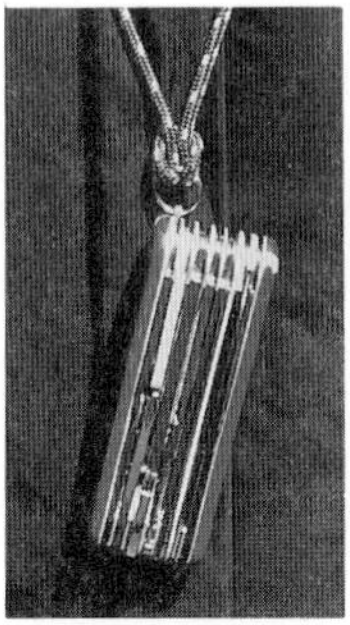

＊アーミーナイフ

ろなものが付いているが実用的でなく楽しいだけのようである。もしも、このギヤーを使う必要があるときは大変な状況の時であると思う。

5—4 シェルター

シェルター*という言葉も死語になりつつあるのか、あまり聞けなくなった。夜にはテントで眠るというような活動が少なくなり、一部の登山者や子どものキャンプにのみ伝承されている。しかし、子どもの冒険キャンプなどでは一枚のシートで一人で二四時間生活するといったこともやっている。孤独ということが先に述べたように「個」を育み、自分なりの学問への道を歩むようなきっかけになるだろう。

さて、野外でのもっともシンプルな眠り方はとしては、何もなく岩かげで眠ることもあるだろうし、先に述べた一枚のシートをうまく使うのもいいだろう。

一九八三年に西部カラコルムの六八八五峰、特に好い名前がなく標高を名称に使っていたが、その峰に登るためにクク アール氷河に入った。夕方にようやく氷河の端まで歩き、その夜は星も美しかったので、私たちは氷河上でビバーク（不時露営）をすることにした。このように書くとロマンチックであるが、本当はテントを張るのが面倒であったからである。氷の上にシートとマットを敷き寝袋に入りブルーシートを上から掛けるのだった。

その夜のことは今でもはっきり覚えている。広大な天空と透明な星の光の下で、あの星は何だ、あれは人工衛星だとしばらくは眠れなかったが、それぞれの想いを流れ星に

*シェルター　ヒサカキでシェルターをつくる。ヒサカキはツバキ科の常緑低木か亜高木。サカキより小型で神事にも使われる。

託していつしか眠りについた。

一枚のシート（タープ）の使い方については、昔のアメリカなどのテキストに楽しいものが紹介されているが、木を伐ったりいろいろと自然のものを使ったりするため現代では幻のテキストになった。初期の日本アルプスの登攀記を読むとハイマツを伐り、それを敷き詰めキャンプしているから恐ろしい。

テント[*]には二型あって、一つはポールと張り綱で外力に対応するもの、もう一つはパイプによる外力への対応型であるドーム型。一般に昔のテントは前者で、現代はほとんどが後者である。しかし、キャンプ場などでは鉄の支柱と厚手のシートを使った固定式のテントも多い。子どものキャンプには中が明るい感じのものが最適で、ホームシックなどの防止に役立っている。

登山には軽量が第一でドーム型テントが、軽量で簡単に張れるが、高さが低いため居住性はよくない。

不時露営用のテントはツエルトザックといって小型の簡易テントで二人に一張りあれば良い。強風低温下ではウエアだけの対応は無理でツエルトザックを冠るだけでもしのげる。いつ力つきるかも知れない中高年登山の非常用装備としてぜひ携行して活用すべきである。

テントを張る場所は自然公園などでは決められているので問題はないが、日本の場合でも私有地が多いので許可が必要である。自由に張れる場所の選定は、先に紹介したローインパクト法での考え方によるが、まとめると次のようになる。

*テント　北アルプス徳沢園でのキャンプ場

(1)**安全な場所を選ぶ**　河川の増水、強風の抜ける所、落石、泥流、雪崩、雨水の流入、森林などを避ける。森林は快適ではあるが強風時に太い枝の落下がある。

(2)**生き物たちのことを考えて**　野生生物の生活の場を避ける、けもの道を避ける、けもの道や動物の水場を避ける（川、湖から離れたところを選定する）、エコトーン（推移帯）をさける。

(3)**植生の保護**　草地、コケなどの上を避ける。

(4)**プライバシー**　民家・テントの距離を考える。

安全な場所であるかについては、かなりの体験的思考が必要であるが、住民やその他の情報を集めることである。昔、鹿島槍岳で雪崩が止まるという留め岩を越えて露営したための雪崩による遭難もあった。夜、周辺の状況が不明のままにテントを設営して雪崩事故が起こっている。山稜上でわずかな斜面であるため雪崩を甘く見た例もあるが、傾斜があれば雪崩は発生すると考えるべきである。

河川の中州とか河川のすぐ側にテント設営したため、増水による事故がしばしば起こっている。河川でなくても水の流路になるような地形は避ける。

一九八一年の新疆省コングール登山の時に、キルギス族の夏小屋[*]の少し上部にテントを設営しようとした時、キルギスの女性がここは上部からの落石があるから危険であると教えてくれた。その時、キルギスのオクイ（パオ）の少し上部であるためか水場の使用のルールも教えてもらった。

日本のキャンプのテキストの中には川を上流から区切って、飲料、食物を洗う、食器

＊キルギス族の夏小屋

れたところで洗面をしたり、野菜、食器を洗うことになるが、文化度の差を感じた。
を洗う、洗濯などとしているのもある。アメリカやカナダでは水場から七〇メートル離

5―5 食べる

一九九五年から北海道北見市で単身赴任をしていたが、大変であり、反面楽しいという生活を送っていた。日常においてきちんと食べるということがいかに大変であるかということも痛切に感じていたし、少しでも手を抜くとコンビニ・インスタントという恐ろしい世界に入り込むことになる。私の北海道での単身赴任で「食事は外食ですか」という質問に「自分でつくります」と答えるが、私の実力を知れば驚くだろう。食は工夫と発想であると考えているが、行きつけの居酒屋で教えてもらうメニューも試み、正体不明の魚に出合えば電話で調理法を教えてもらった。教えてもらった一つに、中華麺を湯がいて皿に盛り大根おろしで食べるなどシンプルでさわやかなものがあった。

野外でもしっかり食べるためには手抜きはできないから、メニューと食材リストと購入方法をプログラムに入れる。五〇年ほど昔であれば、米、味噌と塩があれば現地で魚や山菜が調達できたが、現代は水銀だ農薬だと危険である。

野外の食事と日常の食事は基本的には何ら違ったところはないが、行動の種類、時間、時期、場所によってはかなり違ったものがある。一般的に野外の食事の特徴・条件をまとめると、次のようになる。

食材を野外に持ち出すということも一つの特徴で、キャンプ場のように冷蔵庫のよう

な設備があれば問題はないが、そうでなければ食材の選択が厳しくなる。さらに、調理方法が限られるとするならば食材も限られる。高度が高くなるに従って食材も特殊化してくるのは当然である。

中国ウイグル自治区での標高三五〇〇メートルのベースキャンプの生活では、食べるということについてさまざまな体験があった。一つはベースキャンプは快適でなければならないという方針で、中国人の料理人の同行をお願いした。ベースキャンプまでは現地食で、それより上部のキャンプは日本より持ち込んだ行動食であった。山麓の街、カシ（＝カシュガル）での食材購入は、ほとんど中国人調理人に任せ、わずかに私たちの希望するものも購入した。その結果、ベースキャンプではほとんどが中国料理で、上部キャンプから下山して来た者が、特に何か日本料理的なものを食べたい時は自分で調理することになった。

ベースキャンプはキルギス族の夏の放牧地であるから、ヤクと羊の肉は調達できた。ある日、ヤクの肉を使っての餃子大会をやったが、中国人は焼餃子を作らないので、自信のある者が日本人用に特別に調理に、挑戦していた。

中国料理の素材は乾燥したナマコとか名前の分からないものなどいろいろあって楽しかった。それに乾燥食品は品質が変化しないし、乾燥によって味が倍加することもすばらしいうえに、安全であるから中国食材の価値を再発見した。

一九九六年の〇―一五七の猖獗時は日本中のキャンプ場がパニックに陥り、閉鎖したところがあった。私も石川県能登島*で京都の小学生、延べ七〇〇人ほどのキャンプに関

＊能登島での小学生のキャンプ

与していたのでその対応が大変だった。食材、メニュー、厨房の管理方法、手洗いの方法、保健室の対応方法など根本的に検討した。そして、その方針を保護者に明示して理解を求めたが、キャンセルも多少はあった。キャンプ前日に「大丈夫でしょうか?」といった問い合わせがあったが、「京都より安全です」と対応した。その頃、問題になっていたハンバーグや生野菜はチキンと温野菜に替える、間食の西瓜は止める、朝のグレープフルーツはパックジュースにとメニューが変更された。子どもたちが自炊で調理する場合も焼き物や生野菜などは禁止された。

山や野の食事は日常とはほとんど変わらないし、アウトドアー雑誌のような牛の丸焼きとか手の込んだものがいいとは限らない。私がフランス料理を好まないのは、なにかちまちましているし、ソースという変なものがかかっていること、何を食っているのか分からないということが理由である。

それに反してカラコルムや中国西端の遊牧民社会、モンゴル[*]で頂いた料理は最高のものであった。一頭の羊はほとんど捨てることなく塩のみで、茹でる、蒸し焼き、などで調理される。料理はシンプルであること、素材を生かす、楽しく食べるという原則があるはずである。それが、いつの間にか「手の込んだ料理」という変な形態の追及となった。

塩ゆでの羊の肝臓の味は今でも忘れられない味の一つであるし、ソ連カフカスの山中で、通訳のイリアナさんのつくってくれた米を素材にしたグレイチカというスープも忘れられないシンプルな味であった。もうひとつカンポートという乾リンゴ、乾アンズ、

*モンゴルでのキャンプ

乾西洋ナシ、シナモンを材料としたスープも爽やかだった。

野外の食事の種類は調理食、行動食、予備食、非常食に分けられる。行動食は行動中の食事で昼食やその他の間食である。行動と行動している環境によっていろいろと工夫をこらす。昔の野や山で作業する人たちの昼食が行動食の原点であろう。梅干の入ったおにぎり、わっぱの御飯と現地で作る山菜入りの味噌汁などである。わっぱは曲げ物で、私は木曽や静岡の井川のものを登山でも使っている。お茶やお湯を飲むこともでき、山仕事をする人たちはわっぱのフタに味噌を入れ、山菜を入れてお湯を注げば味噌汁になる。ホウ葉で味噌を焼けば香り高いホウ葉味噌となる。

私たちがヒマラヤへ信州のわっぱを持ち込んだのは、昔話のようなロマンではなく、ベースキャンプを出る時にわっぱに乾燥御飯を入れ水を適量入れておけば、昼には御飯になっていたからである。中味はともかくとしても漆塗りの弁当箱で皆が食っているのは優雅であった。

昔の大学の山岳部での昼食は、特別に焼いたビスケットか乾パン、クラッカーに魚肉の細いソーセージと粉末ジュースであった。雪渓の水に粉末ジュースを溶かして冷たいジュースを作るのであった。おもしろいことに夕食には鯨丼といって鯨肉の分厚いのが飯の上にのっかっていたが、牛肉より安かったからである。山岳部の人間の発想は今から思うと実に豊かであったといえるだろう。荷物をどうすれば軽くなるか、限られた食費の中で旨いものを食うためにはどうするかという思いは現実的であり、すごいものを案出する。もう一度、あの味噌漬けで運んだ分厚い鯨肉がのっかった鯨丼を食べてみたいと思う。

京都大学の山岳部には「ひげパン」という名の旨い携帯用のパンがあるが、毛が生えたパンではなく、ひげの先輩が考えたというものらしい。私も一九七七年のK2登山隊の富士山での冬期合宿に持参したが、評判が良かったのは材料が卵とバターで贅沢なものだからであろう。

現代の行動食は何かと考えると、あまり昔と変わっていないようで、おにぎりが主流である。おにぎりといえば、今西錦司先生との山行に海苔を別に持参した弟子がいたらしく、その味が良かったのか「海苔は別やで」という言葉ができたと言う。海苔は始めから巻くかくるんであったほうが良いかは嗜好の問題であり、おにぎりの大きさも同様であろう。野外では何回かに別けて食事をとることもあるから少し小形のおにぎりが幾つかあった方が好いかも知れない。昔は梅、かつおが主流であったが、現代ではたらこ、シーチキンなども出てきている。

たまご焼きも嬉しいが、一〇年ほど前にある女性が作ってきたたまご焼きを食べた二人の男性がすごい食中毒を起こして救出されたことがあるので敬遠している。その時は皮肉にもちょうど山岳連盟と警察・消防の合同救助訓練の日で、完璧な救助ができたのだった。たまご焼きを作った時は鍋からまな板に移さずに直接弁当箱に入れると良いだろう。注意しないとまな板と包丁に菌が繁殖することになる。

予備食は野外での行動が計画通りに進行することはまずないだろうから、食料、燃料、装備などの予備を考えておくことが原則である。食料計画にはその行動内容に適した予備食を入れるが、その内容は臨時的献立としてのもので良いだろう。子どもたちのスキーやキャンプからの帰りのバスが事故や渋滞で数時間の遅れが発生するようなことも計画に入れておく必要はある。ビスケットとお茶を積んでおくだけでも対応できる。

非常食*は野外にあっても都会でも必要なものであり、常備するという心がけが大切である。非常食は野外での事故は高山とか冬山といった場所にかぎらず、近郊の里山や街でも発生するという認識が必要である。小学生の里山での遠足で、一人の児童が分岐点で違った方向に入ったため数日間探せなかった例がある。また、スキーツアーで兄弟が迷って稜線に出たため救助できた例などもある。

非常食は各個人が少なくとも二四時間は口にすることのできる食料を持つことである。内容については、次のように考える。

＊弁当箱くらいの大きさのパックにまとめる。＊防水の工夫をする。＊自分の好みにあったものを入れる。＊水がなくとも口にできるもの。＊ローソク、マッチ、ライターなども。＊カットバン、三角巾。＊針・糸。

非常食は時々内容を点検して食べ物は新しいものと入れ替えるか、帰りには余ったチーズなどを食べてしまうかである。

ローソクは灯りとしての用途のほか、金属性のマグカップ*（一重のもの）があれば温かい飲み物を作ることもできる。

小型のコフェル（鍋）とガスコンロを携行していると便利であることは言うまでもない。

＊非常食リスト（非常食の一例）
ビスケット（乾パン）
チーズ
チョコレート・ブロック
砂糖
ティーパック
ローソク
ライター（防水マッチ）

＊マグカップ

5―6　生活技術とその哲学

野外での生活も日常とは基本的にはほとんど変わらないが、空間、物資、情報などに何らかの制限、制約がある中での生活が野外の特徴である。日常の生活は、外界からのインパクトにソフト的にもハード的にも守られているのが普通であるが、野外では二四時間「考える」「行動する」ということによる対応が必要である。それに、「襲われる」「逃げる」などの日常ではあまり使用しない語彙も、野外では使うこともある

最近、単身で北海道へ赴任してきて気が付いたのであるが、単身赴任の哲学と野外生活の哲学の共通性で、家族と生活している時よりも考え、積極的に行動し、しかも、きちっとした防御の態勢にあるということである。それは、孤独という深淵の中では何かを考えるしかないというインパクトとそれらへの対応しかない。単身赴任は「個」を育むと考えたら、同僚の単身赴任をやっているM先生は、「単身赴任はボケ防止によろしな」とあっさり片付けられた。M先生も何か調理している時にミスをすると「おい、しっかりせい！」と、また出かける時には「電気よし、ガスよし」と歓呼するという。食料品、たとえば卵を購入するときもその賞味期限などに注意深くなり、ある種の選択眼ができてくる。いま、何が必要であるのか、不必要な物は何かということも野外生活と単身赴任の共通概念である。

自己の置かれている場の認識と周辺の状況の変化に注意を払うこと、常に主体性をもって行動できる態勢が野外生活の基本である。言い換えればこのことは自己防衛と自己管

理の必要性ということであろう。京都の学習塾のS代表がある時、「生活がきちんとできない子どもは学習に問題がある」といったことを話していたが、そのときは深く考えなかったが、それは自己管理であり主体性の問題で貴重な発想であるといえる。

一九九八年に入って青少年の過激な事件が続いたが、国会でも当時の橋本首相がボーイスカウト活動や野外での活動の必要性を話していた。

いま、子どもたちに必要なものは少年法を厳しく改正するとか、持ち物検査をするといった問題ではなく、厳しく豊かな自然のなかでの生活体験も心の学習の場であろうと考える。子どもたちが求め逃避している世界はファンタジックで怪奇であるが、そこには肌を突き刺す寒さや暖かい風、鮮烈な流れと冷たさ、広葉樹林の香りなどの欠除した仮想空間である。自然豊かなファンタジックな世界が実在することを子どもたちに教えてやりたい。

野外生活の基本的な事柄をまとめると、次のようになる。

(1) **生活空間の認識と観察、生活空間のリズムの発見**　どのような構造の中に生活しているか、その空間の変化は、美しい物は、嫌な物はなど。自然のリズムで生きることを考える。

(2) **生活空間の危険と対応**　観察から様々な危険があることを発見し、いかに対応するかを考える。

(3) **生活空間の中での人間関係の構築**　「個」の尊重を基本にした話し合いによるルールを作る。

一九七七年のK２登山隊は、パキスタン人と日本人合計五〇人ほどが五五〇〇メートルのベース・キャンプに生活していたが、時には人間関係が怪しくなることもあった。そんな時は、男性社会であるからパーと酒を出して宴会をやれば復元するのだった。仲良くやるということは美徳ではなく、いかに「個」を主張し、自己管理というシステムでバランスをとるかがK２隊から得た美学であった。

6　自然の中での遊び

6―1　自然の中で

ある時期「ゲーム主義から自然主義」という言葉が発生したが、自然のなかでの遊びの再認識という点で意味のあるものであった。確かに自然のなかにせっかく来ているのに、自然のすばらしさや厳しさなどを理解しないでいるプログラムに疑問を持たなかったともいえる。自然が豊かな時代はそれでもよかったが、自然とか環境についての体験的学習が必要になってきて自然主義の発生となった。

子どものキャンプでゲームの必要性を否定しようとしているのではなく、もっと大切な部分を主役の位置にもってこようとしたものである。マニュアルと形式と儀式にウェイトを置くのではなく、キャンプ場のカウンセラー、指導者の言葉や行動が、現代のコンビニエンスストアーの店員のようにロボット化されていては人間的ではないだろう。自然のなかでの遊びは、人工の世界からの脱出であり、遊びと生活が分断されず、自然のなかでの生活があることが好ましい。

私たちが長野県の木曽藪原で行った子どものキャンプは歌を歌うこともなく、ゲームをすることもなかった。ワークキャンプというか人間が生きていくためのもので、炊事のための水汲み、薪集め、小屋づくり、洗濯などけっこう忙しかった。八日間ほどのキャンプであったのでゆとりがあり、時間の流れは緩やかであった。子どもたちは私たちの行動に乗ってきて、丸太を組んで見張り台を作り始め数メートルの高さのものを完成させた。その見張り台での遊び方は子どもたちの領域で、私たちが関与することなく楽しく遊んでいた。遊びは創られるものではなく自然発生的なものであると考えさせられる。最近では大人たちが金儲けのために、子どもたちにさまざまな遊び道具を売りつけ、子どもたちの創造性を奪ってしまっている。しかもこのことを大人たちは気づいていないという現状であるから恐ろしい。

また、子どもたちは数名が入れるシェルターを作り、夜にはテントから原始的な小屋へ移住していた。洗濯はすぐ近くの川で水遊びをかねて毎日やっていた。

夜には私たちが火の周りでくつろいでいると、子どもたちも集まってきて大人の話を聞いていた。子どもたちに夜は大人の時間であることをあたりまえに教えていたし、憩いの火を静かに燃やす方法も伝授していただろうと思う。

時間割のない森の空間での自由な遊びこそが、子どもの心を昔から人間が暮らしていた自然のリズムに復活させることだと思うがどうだろう。このリズムこそが生命のリズムであって、人間を生き物の一員として育んでいくものであろう。

この木曽のキャンプがすばらしかったのは、野外生活が大好きな人間が協力したことであった。常に周辺にあるもので遊び道具や生活に役立つものが作られていくのもおもしろかった。近くに住んでいる野鳥の専門家に子どもたちのためにいろいろと鳥や野草について話をしていただいた。

6―2　遊びの美学

アウトドアの生活のなかでは二つの考え方がある。一つはできるだけ優雅にやろうというものと、できるだけ質素にやろうというものである。私はできるだけ優雅にやりたいが、優雅とローインパクトは背反するものであると思う。しかし、野山の素朴な材料で優雅に遊ぶことも可能である。京都の鴨川に沿ったある料理屋で青竹の酒器で酒を飲んだ人が感動していたが、それはもともと癌封じの神社の発想であり、また、野の生活の発想であったと思う。

野外のテーブルのデザインは、最近のはやりのテーブルデザインの元祖で、一輪の花、山菜天ぷらのお皿を野の花で飾るなど、ゆとりと時間の流れをゆるやかにする。もちろん野外ではテーブルのデザインよりも風景とその場の美しさであろう。

考えてみれば茶道の世界に見られるような、質素とか簡素の美学が日本にはあり、私たちの心のどこかにそれがあることも確かである。したがって、野山の遊びは質素とか簡素であるということが優雅の道に入ることになるのであろう。

野外でツーバーナーを使って厚い肉を焼きワインで夕食をとるのも優雅であるが、山菜と釣り上げた一匹の魚で焼酎のお湯割りも優雅であろう。北海道では焼き肉パーティーが好まれるが、せっかくいい森に入っているのだからイカだとか羊の肉よりもニジマスとかヤマメ（ヤマベ）で地酒がいいだろう。

一杯の紅茶を砂上で飲むか草の上で飲むかの美学を書かれているのは、カラコルム・チョゴリサの隊長、桑原武夫先生だった。また、先生が登山隊に参加する時にどのような本を持って行くかについても独特のお考えを持っておられた。私も先生のこだわりを真似て深く考えてだめだったことがある。イスラームの国パキスタンに行くのだから『コーラン』でもと思って持っていたが三ページほどで終わった苦い経験がある。一九七七年のK2隊のときは九州勢の隊員が檀一雄の本を持ってきていたが、荒廃したカラコルムの風土に合っていたのかおもしろかった。

野外で気に入った道具を使うのも私たちにとっては遊びであるが、最近は軽量で安全なチタンの食器やカップが出回っているため、今までと違ってくすんだ色が食卓に出てくるが、よく使われているステンレスの色彩とは別の雰囲気である。

オートキャンプは、私のように車を運転しない者にとっては不思議な世界であって、車からはいろいろな楽しいものが次々とでてくるし、驚くような装置が組み立てられる。これは便利とか実用性の世界ではなく「大人の遊び」の世界である。私のやっかみだと思うが、野外で便利性を追求すると次第に土の匂いから遠ざかり、風の音などからも離れていくようである。河原のオートキャンプである人は「屋台の行列」と言ったが、大人の遊びには「見せ合うこと」が必要だから犇めいていていてもいいわけだろう。

私は二一世紀にはお互いの顔がわずかに見えるほどのたき火を囲んで、哲学世界に入れるような野山の遊びと、生活の原点に戻ることだと信じている。

6―3　子どもの遊び

「大人が子どもの遊びの指導をすると、ろくなことがない」というのが最近の私の考えである。子どもは純粋ですばらしい発想を持っていることを認めなければならないが、大人は自分の考えでそれを否定しようとしている。

子どもが野外で絵を描いているとき「そんなの絵とちがう、もっとしっかり描け」なんて言っている指導者に出会ったが恐ろしいことである。

京都の子どもたちが石川県能登島*でサマー・スクールのキャンプをやっているが、ある年ヨットでスコットランドから若い夫妻がキャンプを訪れた。子どもたちとも親しくしていた。ちょうど、子どもたちは草花とクレオンで絵を描いていたが、ある女の子はコスモスの葉と花で婦人の横顔を作り上げた。そうしてもう一枚は二本の太い棒にコスモスの細い葉を張り付けて、「これはあなたに」と夫君にプレゼントした。夫君はそれを手にして不審そうな顔をしていたが、突如笑い出して「サンキュー、サンキュー」と嬉しそうであった。婦人もその絵を見て涙をながして喜んだのである。女の子は夫君の毛深い二本の脚をみごとにコスモスの葉で表現していたのだった。

私の仲間で草花遊びを指導しているM君などは、何かを作って「どうや、動くんやで」と子どもに見せびらかしている。そして、いろいろな材料を置いておけば、子どもたちは独自の世界で遊び始める。そして、M君は楽しみながら子どもたちと何かを作っている。昔いたあの「ガキ大将」がM君で、彼の指導法は「楽しいやろ」「ええやろ」といっ

＊能登島サマー・スクール

た子どもの心の哲学だった。

一九八〇年、中国ウイグル自治区のタクラマカン砂漠の西端で遊牧民*キルギス族の子どもたちの遊びをいつも見ていたが、縦社会の子ども集団の行動は楽しく、羨ましく思った。粘土の壁に一〇センチほどの四角い穴を幾つもあけ、それをホールドに登っていくのであるが、小さい子どももそれを使って登れるようになる。年長者は上まで登ると数メートル下へうまく飛び降りるのである。

また、氷河の堆石堤の外側に広い蒸発谷＝アブレーション・バレーがあって、そこには幾つもの流れがあり、幅も大小あり、幅の広い流れは飛び越えるために助走が必要であるから小さい子どもにとっては大変である。年長組は次々と飛び越え、年少者は励まされながらなんとか飛び越える。壁登り、流れの飛び越えも子どもの遊びであるが、氷河域に生活する者にとっては必要な技術であり生き方だと思った。六、七歳の小さな女の子が、夕方になるとアブレーション・バレーの側壁の岩場を一人で登って、二〇〇頭余りの羊を降ろしてくるのは感動的な光景であった。

また、ある少年は母親に作ってもらったというヤクの毛で編んだ投石紐で一〇〇頭近いヤクを追っていく。紐の端に梅干し大の石を挟んでぐるぐると回してうまく投げる。石は鋭い音で空気を切ってヤクを追う。少年は見ている私に得意そうな笑顔を見せる。私も投石をやってみたが、それは私には不可能に近い技であることが分かっただけだった。今でもあの青い空のパミール高原の清冽な空気を切る高く美しい音が聞こえてくる。

*キルギス族の食生活

6—4 つくる

自然のなかでものをつくるということは楽しく、時間の流れを緩やかにする効果がある。料理をつくる、竹とんぼをつくる、凧をつくる、模型飛行機をつくるなどいろいろあるが、時間と空間を越えて楽しいものである。

中国ウイグル自治区のコングール山麓で雨に閉じこめられた日、私たちはコロッケづくりをしようということになった。パン粉づくりは乾パンを砕くことから始め、肉は乾燥肉を細かく柔らかくすることから始め、ジャガイモはマッシュポテトを使う。時間は有り余るほどあるため乾パン砕きも、肉づくりも時間をかけて行われた。デザートには巨大プリンをつくることになり、大きなボールにインスタントプリンの原液が仕込まれた。プリンには中国製の柑橘の缶詰も加えられ、氷河からの水で冷やし固めることになった。

コロッケの準備ができ羊の脂で揚げることになり、なかなか難しいが、知恵を集めて完成した。温かいご飯とコロッケはすばらしい昼食であった。雨の日の陰気な空気のこともすっかり忘れてゆっくり楽しく食べた。このコロッケが本物のミンチやパン粉を使っていないことがもっともすばらしい点であった。デザートのプリンは中国メンバーにもご馳走する。お玉じゃくしで、がばっと掬って食器に入れて「どうぞ」と勧める。「おいしいです」と、ほんとうに美味しそうで私たちは嬉しかった。

京都府の美山町*のAさんのログキャビンで自然と環境の会を開いた時に、転石を美し

*京都府美山町の村道

く水鳥などをペインティングしたものを見せてもらったが、机の上に置いて飾りたいほどのものであった。

氷河の上にも美しい石がたくさんあるからついつい拾ってしまう。一九七七年のK2登山隊でも氷河上には緑系の石が多く、そのなかには少し磨けばペンダントになるような石もあった。隊員たちは登山行動の合間をみて拾った石を何かで磨いていた。たぶんそれぞれの思いで緑の石を磨いていたに違いない。パキスタンの首都ラワールピンディのホテルへときどき宝石屋が売りにくる宝石よりも、氷河で拾った石のほうが価値があるだろう。今は亡き、原田達也副隊長も緑の石を磨いてその裏に「K2より愛をこめて」と書いて、奥様にプレゼントしていたことを思い出す。

7 フィールド・ワーク

7—1 フィールド・ワークの楽しみ

私は今日までフィールドワークに日と時を費やしてきたようだ。本稿を書いている時に、北網圏北見文化センターの柳谷さんから連絡があって、「今夜、美幌峠でナイターをやりますが先生はどうですか」と言ってくる。「いく、よろしく」とすぐに返事をする。研究室には殺虫管もピンセットも置いてあるからすぐに準備を始める。

「美幌峠か、少なくとも五〇〇メートルはあるだろうから寒いだろう」と考え、ちょうど、京都から送ってもらった一九六五年カラコルム・ディラン峰登山の時に使った羽毛服があったのでそれを持っていくことにする。

ナイターは夜間採集*といって、昔は夜店の灯りであったアセチレン・ランプ=カーバイトを使ったが、今日では発電機とブラック・ライトなど進化したものである。樹間に白布を張って、その前にランプを吊るすのが一般的なスタイルである。昔は山の中の夜店というスタイルであったから、「そろそろ、夜店開こうか」などと言って準備を始めていた。

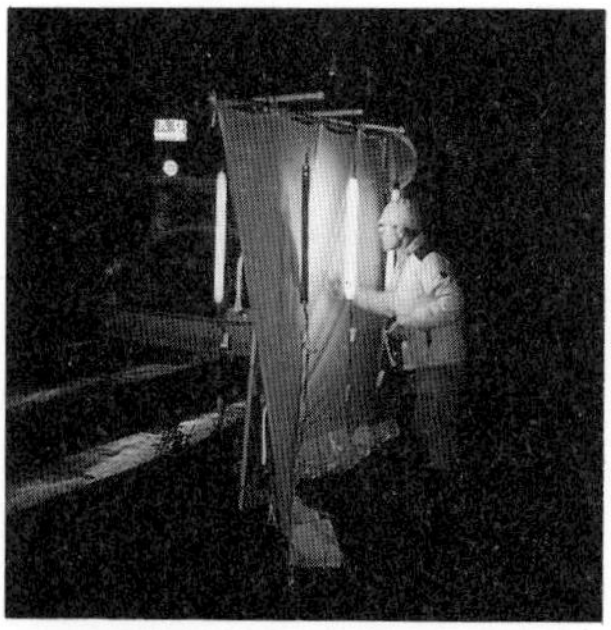

*知床峠での夜間採集

アセチレン・ランプの燃える連続音と、なんとも表現できない匂いがただよい夜店は始まる。白布の前に座って焼酎などの水割りをちびりちびりやりながら昆虫の飛来を待っていた。

北見から美幌峠までは五〇キロほどであるから約一時間で、「七時には着くでしょう」と柳谷さんはいう。

この日は美幌博物館の調査のお手伝いでもあったが、私は近くの美幌峠牧場からフン虫の飛来があるのではといった期待もあった。北見からは私と蛾の専門の村松先生、柳谷学芸員の三人で、峠の上でテントウムシを研究している美幌博物館の山鹿百合子さんと合流した。今回は五月一六日、一七日の斜里での調査に続いてオホーツク昆虫研究会の二度目の調査である。

美幌峠は少し風があって予想した通り気温は低かった。私たちは風の通る峠より一段低い林道に夜店の準備を始めた。私は羽毛服を着る。昔の暖かさが蘇ってくる。カラコルム・ディラン峰登山は、私にとっては最初の海外登山で何もかもが新鮮であり、試行錯誤の連続だった。残念ながら頂上直下で敗退したが得たものは大きかった。このスカーレットの羽毛服はいろいろなことを思い出させてくれる。

二つの白布が張られて発電機が音を立て始め、ブラック・ライト、蛍光灯、水銀灯がつけられる。しかし、温度が低いのか何の飛来もなく時間が経っていく。「きましたよ」という柳谷さんの声でヤガ科のものらしい一匹が飛来していた。

村松さんの吊るした温度計は七度Cを示していた。村松さんは「残雪のすぐ横でやった時も春物が飛んできましたよ」とどこかでの夜間採集の体験を話す。

蛾が飛来するのを待っている間に、山鹿さんは美幌の街でコウモリの調査をやっている話をしてくれた。暗い小屋のところでの照度を測定しながらの調査で、何か暗くて恐ろしい時があるという。結局、一時間余りでガスも涌き始めたが、飛来も少なくなって来たので片付けて下山することになった。

帰りの車にはライトに誘引されたヤガらしい蛾がフロントガラスにコツコツ当たる。柳谷さんは「いつも思うのですが、自然を大切にと言っている私が、このように蛾を意味もなく殺して走っているのですから情けないです」という。

美幌峠*北東の藻琴山の蛾の調査は、小清水の河原さんがやっているので、これからの調査と繋がっていくだろう。この日やってきた緑色のシャクガは何だろうか楽しみである。

フィールド・ワークの原則は、まず楽しんでやることで、それが苦になるようでは良い結果も期待できない。そして、調査だ、科学だ、と言って生き物を殺すことになるから、常にやさしさを忘れてはならない。野鳥のグループは私たちに昆虫を何故採集するのですか?と訝るが、この虫の惑星では私たちの微力のせいもあって、一々採集しなければ分からないのが現実である。もちろん、まず名前を知るという方法論が誤りかも知れないが、何がどれほど生息しているかについての解明がどうしても先行する。

純粋なフィールド・ワークを妨げるのはマニアックな標本収集の趣味だと思う。北海道特産の蝶が少なくなっていく原因の一つに、アマチュアの間では他の地方産のものと

＊北海道美幌峠牧場　フン虫ウォッチング

の交換材料になるため乱獲されているというが、嫌な話である。一九九七年にも北海道大雪山系では高山植物や蝶の密漁が後を絶たないという報道があった。

7—2　歩く・見る・聞く

昔、『あるくみるきく』という雑誌が宮本常一*さんの観光文化研究所から出されていた（一九六七—一九九〇）。この雑誌の発刊にはいろいろなエピソードもあって楽しいが、ともかく、単なるフィールド・ワークで作られたものではなく、その多くが現地に滞在するのではなく住み着く者によって作られたという。このフィールド・ワークの精神は宮本常一さんの方法論でありその伝承の結果であった。

宮本さんは七二年間で一六万キロ歩いたという。佐野真一*氏は「アカデミズムというものが、事実の重みの前にほとんど解体されてしまった現在、宮本常一評価の風がかすかながら吹きはじめてきたことは、私には当然のことと思われた」（一九九七）と書いている。

一九九〇年代の終わりに「地域の時代」という発想が出現したが、日本経済の崩壊のなかでは地域の自立が仕方なく求められる。宮本さんらはその土地の人に普通のものの価値を発見させ、それをどう保存するかを教え資料館、今日話題になるミニ・博物館づくりを進めた。そのなかで、観光開発と地域開発をいかに結びつけるかを模索したという先進性があった。

歩くことは別世界への侵入であり、新たなる認識法であるというが、これがフィール

＊宮本常一　（一九〇七～一九八一）山口県生まれ。民俗学者。全国各地の民俗調査を行う。著書に『忘れられた日本人』などがある

＊佐野真一　『旅する巨人　宮本常一と渋沢敬三』文藝春秋

ド・ワークの原点である。私は脳の学者ではないが、歩くことは背骨を前後に揺すり、その刺激が脳の前頭葉の開発になるのだろう。車の窓からの風景は流れる風景であるため、自己の意識のなかに止めることが難しいが、歩くなかでの風景は自由自在に自分のものにできるから楽しい。

野外で私が求めているのはミステリアスな空間であって、そこには先の見えない巨大迷路で想像力を試す空間が存在する。もしかしたら樹液にはクワガタムシの仲間がやってきているかも知れないし、落ち葉から頭を出している茸には、まだ見たことのないオオキノコムシ科甲虫がいるかも知れないなど想像をたくましくする。

歩くということは追跡者の心理でもあって、執拗に何かを追っかける楽しみがある。私が追っかけているのは日本で生息している一五〇種ほどのフン虫で、それらの各種がどのようにやってきて、どのように生きているかを知るために日本中を歩いている。

つい最近も北海道の斜里町のオホーツク海岸で*コブナシコブスジコガネという種を自分の目で確かめて手にすることができた。日本にはコブスジコガネ科甲虫は一三種生息し、鳥などの白骨死体を好んで食している。海鳥の生息する島嶼やサギ類のコロニーに多く生息している。コブスジコガネというように上翅には瘤の列があるコガネムシ類で、コブスジコガネ科をつくる甲虫類である。アフリカのサバンナにもかなり大きいこの類が生息して、野生動物の白骨死体を齧っている。

オホーツク海岸で採集したコブナシコブスジコガネは、コブスジコガネのなかでは瘤が顕著でないため名付けられている。北海道だけではなく日本に広く分布するが生態は

＊コブナシコブスジコガネ

よく解明されていない種で、名前の通り瘤がないコブスジコガネである。日本の都道府県単位での分布は、北海道、青森、宮城、山形、福島、群馬、千葉、東京、式根島、新潟、富山、石川、福井、愛知、京都、奈良、和歌山、大阪、広島、島根、徳島、香川、高知、熊本である。これを見ると南西諸島を除く全日本に分布するだろうということが推定できる。

コブスジコガネ属は野鳥のコロニー*や海鳥の生息する島嶼などとの関係が密であるため、いろいろなものが見えてきておもしろい。たとえば、新潟県の悠久山のアオサギのコロニーに入ると「死の連鎖*」という複雑さの世界に入ることになる。京都府の若狭湾の無人島にはオオミズナギドリのコロニーがあって複雑な構造の一部が理解できる。

*コロニー　微生物から大型動物まで使用されるが、あるところに固定した種固体群である。

*死の連鎖　食物連鎖の言い換えであるが、森の下の森での生き物死体に関わる地表性動物、昆虫のあり方である。

7—3　エコ・マップづくり

「歩く・見る・聞く＋とどまる」というあり方が、フィールド・ワークの一つのパターンであって、とどまるは立ち止まるでも滞在でもいいだろう。私は野外活動の指導に「地図をつくろう」という発想で自然・環境観察をやってきたが、それは私たち京都に拠点のある環境NGOの「環境市民」のエコ・修学旅行や町づくりに、エコ・マップづくりという名で継承された。

エコ・マップづくりはフィールド・ワークの原点であって、特に新しい発想ではないが、マニュアルがないと言う特徴がある。指導者の指示に従って行動するのではなく、自由な時間のなかで歩き見て考えるのである。

現代の高度だと思われている教育も一定のマニュアルのなかでのものであるため、自由な発想が育たない。マニュアルから出ようとすると、何らかのインパクトが指導者にも子どもたちにも与えられることになる。マニュアルから脱出するためには、フィールド・ワークという行動がもっとも適切な方法でもある。

現代の学校教育では、大学を含めてフィールド・ワークができないのが大きな欠陥である。このことは教室内での学習に力点を置きすぎていること、学校外での学習ができる時間割でなく、また、サポート体制がないなどである。

立ち止まってゆっくり考えるという習慣がないことは恐ろしいことであって、子どもの学習方法の基礎的なものの構築がないことを意味している。学校から塾、家庭学習といった忙しさのなかではゆっくり考えるという部分が消失してしまう。

手法としてはグループで、まず、「どんな地図をつくろうか」と考え、そして、「歩く、みる、きく」「立ち止まって考える」の世界に入っていく。私たちがメモを手に街角で立ち止っていると、町の住民らしい人が「なにをしてます」と聞いてくれ会話が始まる。「このあたり、昔は杏畑でした」などと教えてくれる。そして、私たちのつくる地図には杏の花の咲く畑が描かれることになる。

この「エコ・マップをつくろう」*は、「環境市民」のエコ・修学旅行の一つのプログラムで、生徒たちは私たちの思考の次元を越えたものを探しうまく表現する。京都の秋の円山公園では、屑篭いっぱいの赤や黄色の落ち葉も中学生にとってはある種の芸術作品だったようだ。

＊エコ・マップ　三重県伊賀での「リーダー講習会」のエコ・マップ

エコ・修学旅行はもともと京都へやってくる中・高等学校の生徒に歴史的、社会的な視点だけではなく、自然を基調とした人間の文化を見る、自然・環境・人・街・歴史などのトータルなものを旅というなかで提供したいという発想である。

五〜六、七名の中学生にあるていどのトレーニングをしたボランティアが一人同行するシステムである。たとえば、広島大付属三原中学校の場合は、京都駅前のホテルで私たちと合流し、オリエンテーションを行い、バスで銀閣寺まで移動する。銀閣寺駐車場からグループ別行動で、疏水辺りのいわゆる「哲学の道」* 一・八キロを往復する。途中「哲学の道」から谷崎潤一郎のお墓のある法然院や、狛ねずみで知られる大豊神社などに寄り道をする。

生徒たちはゆっくり歩き、時には立ち止ってそれぞれメモをとり、なかには簡単なスケッチをしている者もある。ボランティアは時々解説をしているが、ガイドのようにべらべらと話すことは控えている。できる限り自分の目でみること、聞くこと、感ずることを薦めている。

歩き終わってバスで比叡山の山中越えで滋賀県の三井寺近くの禅寺に入り、早速、大広間で各グループが地図をつくり夕食後発表会となる。

地図づくりは模造紙一枚にマーカーや色鉛筆、クレオンなどで描いていくが、時には拾ってきたものが張りつけられることもある。

発表会はグループごとに地図を前に順次いろいろな方法で発表していく。おもしろい発表は、空間のなかをゆっくり移動していること、適当に立ち止っている、それぞれの

＊哲学の道　京都東山々麓を流れる琵琶湖疏水の辺の約一・八キロの道で、旧京都帝国大学や第三高等学校の学生たちが逍遥した道である。哲学者の西田幾多郎も歩いていたという。現在は良く整備され観光的価値が高い。

春の哲学の道

出番がある、協力度が高い、行動性が高いなどが基本になっているようである。

「立ち止る」ことは先に述べた「日常の素朴な自然のセンス」の発見に繋がり、振り返ることもでき、日常に忘れていた「深く考える」という時間を思い出すことになり、また、その楽しみを発見するだろう。

中学生たちは「足下を見れば見のがしてしまいそうな小さな花があった」「目をつぶって自然の音を聞いてすばらしかった」「何気なく通り過ぎてしまう道にもいろいろな発見があった」「東京などの大都会でエコ・マップ*づくりをやってみたい」などのメッセージを残してくれた。先生も「人と人のつながりができる点ですばらしい」と評価してくれた。

7―4　学問の世界へ

フィールド・ワークからは比較的学問世界に入りやすいのではないかということは先に少し述べたが、それは周囲の状況を察知するという体験的学習の結果であるかも知れない。今日までの学問は昔と違ってマクロ視、非線形の認識が必要になってきたとも考えられる。最近流行の「複雑系」もその一つであろう。

奥野良之助*氏は学問というものは、自分でテーマを選ぶ、流行に流されない、競争に巻き込まれないという条件をあげている。また、「研究者は忙しくするが、学者はソファーでコーヒを飲みながら思索にふける」（一九九七）といったことを書いているのも憎い。このことは深く考える領域にあるのが学問で、そこから理論とか真理が生み出されるの

＊エコ・マップづくり　三重県の信太山

＊奥野良之助『生態学から見た人と社会』創元社　一九九七

であろう。

私は常に部屋から出ることが、研究であり学問をすることであると考えているが、これは私が理系であるからではなく、もしカントやヘーゲルとつきあう場合でも野外に出るだろう。西田幾多郎や梅原猛、今西錦司、桑原武夫、井上民二がアウトドア派であったように、独自の学問形成には外の空気や緑が必要なのではないだろうか。

学問だけではなく芸術・文学の世界でも多くのアウトドア派がいることを知っている。ルソーや私たちとカラコルムまでやってきた北杜夫もそうであるし、私の尊敬する画家でもあった第二次RCC（ロック・クライミング・クラブ）の上田哲農さんも、山岳画家の足立源一郎さんも山でものを考え、創作したのだろう。ともかくこれらアウトドア派は果てしなく深淵な世界に生きた人々であったと思う。

私は今の教育のなかで欠落しているのは、フィールド・ワークであるとしたが、ある人は自然観察だとしている。私が自然観察という言葉を使いたくないのは、「さあこれから自然観察をしましょう」とか、そこらの施設の「研修室」「研修棟」という言葉に抵抗を感じるからである。子どものキャンプで虫捕り網と虫篭を用意しておくだけで、子どもたちはそれを使ってシオカラトンボやオニヤンマを追っかけている。子どもは狩猟者としての本能をすぐに発揮できるが、リーダーのお兄さんやお姉さんはフィールド・ワークをやっていないから好奇心に乏しく老人的である。

北見市のぼんぼん祭り（北見市が盆地であるところからの命名）で、商店街が宝探しゲーム＝スタンプラリーをやっていたが、親と子が走り回っているのは良かった。これからの世の中では「探す」「逃げる」「救ける」は必要で、もしかすれば「戦う」も加えなければならないかもしれない。

ともかく自然観察ではなく、自然のなかで遊び、考えることだと思う。もちろん、無理に考えなくてもいいし、立ち止まって「ぼーっと」する時間が持てればいいだろう。フィールド・ワークをやっているといろいろと見えてくるからおもしろい。

何かの目的をもってどこかの自然地で調査に参加する時は身が引き締まる思いがする。私たちは昔から日本列島周辺の小島嶼の生物相の調査をやってきたが、常に新鮮で楽しかった。京都府若狭湾にオオミズナギドリの繁殖地である冠島という無人島がある。対馬暖流の影響を受け、結構おもしろい島であった。私はこの島でニッポンモモブトコバネカミキリ*を採集して発表した。このカミキリの名前のように腿が太く上翅が短い種であった。後に台湾のものの亜種であるとされた。この島には湿地というかある時期沼状のところがあるためゲンゴロウの仲間も棲息し、カンムリセスジゲンゴロウという種を報告した。この島は第二次世界大戦中は海軍の要塞が作られ、その跡が大きな穴として残されオオミズナギドリが落ち込み死んでいた。

島嶼の調査は限られた空間であり、遠距離移動ができる生物以外は隔離されているため比較的容易である。冠島の場合もオオミズナギドリという外界とのエネルギーと物質の運搬者がいることが特異である。

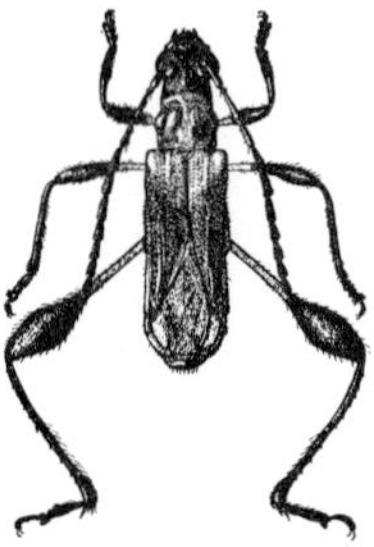

*ニッポンモモブトコバネカミキリ

8　森のなかで

8―1　森にはいる

日本にもいろいろな森があって楽しい。森は北よりも南の方が生命の多様性に感動することが多いかもしれない。

マレーシアの熱帯雨林に昆虫採集の目的で一人で入ったことがあるが、恐ろしくなってすぐに出たことを思い出す。ニュージーランドの南島のモエラキ原生林は深く巨木が多く、人間に向かってくる動物がいないと分かってはいるが、やはり恐ろしさは変わりない。カヌーで湖を渡り森に入ると細い道があるだけで、九人が手をつなぎながらやっとの思いで巨木を見に行ったが、その杉は屋久島の縄文杉のように裸になっていなかった。

屋久島の場合は屋久杉*の姿をみんなに見せたいという人間のさもしい心が自然を破壊した。私が一九五七年に屋久島に渡って営林署の署長さんから大きな航空写真を見せられ、「このあたりに大きな杉があるのですが、下から行っても見つかりません」と話されていたが、それが縄文杉であった。一九九四年の屋久島で学習したことの一つは、一

*屋久杉

〇メートルほどに接近しても巨杉はその姿を見せないものであることだった。モエラキ原生林も日本だったらすぐに湖には観光船が走りコンクリートの階段がつけられ、看板もできるだろうと思うと恐ろしい。

森に入るためには動物の一員である人間としての礼儀があると思う。それは、森が人間のためにあるのではないからである。普段は人間はその森での生活者ではなく、一時的な侵入者であるため、細かな配慮をしなければ森の生き物たちのバランスを崩すことになる。

京都の下鴨神社にある*糺の森は都会の中にあるのに比較的森らしい森で、生き物たちにとっても聖域で、野鳥、昆虫など豊富である。また、立体博物館として朽ち木などもそのまま置かれ、キノコの発生から昆虫の棲息まで時間の過ぎていくなかで観察もできる。元々神社などは献木が多いが、この森でもとんでもない植物が誰かによって植栽され戸惑うことがあるという。私はこの森では南の方から北上を続けている*ナガサキアゲハに出合ったことがある。

京都北山の鞍馬の森も森らしく豊かである。賀茂川と高野川の合流地点である出町柳から叡山電鉄で鞍馬線の終点、鞍馬駅から鞍馬寺の門前町、山門から九十九折の道を上り詰めれば鞍馬寺である。鞍馬寺から山越えでの貴船への道の森がすばらしい。石灰岩の路頭にはウミユリ、サンゴ、ボウスイチュウなどの化石が見られる。これらの化石は鞍馬山霊宝殿の自然科学博物苑展示室で見ることができる。奥の院道にはカシ類、カゴノキ、ツバキ、サカキ、ツガ、モミの極相林が残っている。私が学生の頃はこの鞍馬の

*京都下鴨・糺の森

*ナガサキアゲハ（京都御苑）

森でいろいろな甲虫類に出合い学習ができたのであるが、私にとってもこの森は本当に一時的な侵入の場でしかないことはよく分かるのだった。

8―2　森の物語

森にはさまざまな物語がある。人類は森を恐れると同時に森にロマンを求めて、それは人類が海に求めたものと良く似たものがある。生き物にとって森は棲息の場であり安息の場であるが、時には森の外に水や餌を求めるために出かけていくだろう。しかし、逆に森の外に住むものにとっての森は人間同様に恐ろしい場でしかないのだと思うがどうだろう。

私が研究しているフン虫という一群の甲虫も、森林に住むものと草原というかオープンな場に住むものがある。たとえば、森のなかのシカ糞に住む種は草地のシカ糞には見られないし、その逆もなかった。シカは森と草地をうまく利用していることは奈良公園のような環境のなかでもよく理解できる。北海道でも春早くには森から現われて人工的な環境で草を食べ、樹皮を食べている。

森とステップの物語といえば*ハドソンの『ラ・プラタの博物学者』と森の物語の『緑の館』がある。私は昔からハドソンと共に草地や森を歩いてきたように思っているし、森の妖精のリマを常に求め追っかけてきたのだろう。小さな森にも物語があることは誰でも気づいているに違いない。

私の北海道の住処からはいつもピアソンの森が見える。北見での生活の中で、ピアソ

*ハドソン『ラ・プラタの博物学者』岩波文庫　一九三四

ンの住んでいたという森に行くのが楽しみで、そこは四季それぞれに、時間ごとに違った表情を見せてくれる。ある朝にはカラスの群れがなぜか騒々しく飛び回わり、ある時はアキニレの梢にはカラスに代わって三〇数羽のトンビが占拠している。このピアソンの森は「みかしわの森」と言って三本のカシワの木があったようだが、今では一本しか残っていない。それも上部が枯れ、小さいのは一本あるが、やはり植樹が必要だろう。三本の木は歴史を語ってくれる貴重なものだと思う。この森にはスイスの山小屋を模したというピアソン記念館*があるある。

ある日、ゼミの学生が「先生、ピアソンの館に入りましたか」というので、次の日の昼前に訪ねた。立派な紳士が丁寧に解説をしてくれた。館内の広間は落ち着いた書斎のような空間で窓からの森の風景があって、ゆっくり本を読みたくなる。ここではセルフサービスでコーヒーでも飲むことができればいいだろう。

ピアソン館でいただいたパンフレットの表紙には「昔　むかし　夕陽に見とれる　異人さんの夫婦が　居ったとな」と書かれている。そして中には「柏の古木や楡の大木がそびえ、かるかや・ききょうの薫る高台、夕焼が静かに野付牛の空をこがしていた」という美しい文で始まる。パンフレットによると、ピアソン記念館は一九一四年に建設されピアソン夫妻が一五年間生活されていたという。その後いろいろと変化があったようだが、一九七〇年に北見市が復元工事を行って、一九七一年五月三一日「ピアソン記念館」として開館された。ピアソン夫妻はキリスト教の伝導はもちろんのこと、廃娼運動、遊廓設置阻止、聖書の発刊などの業績がある。さらに、一五年間に北見に海外の無形の

*ピアソン記念館　北海道・北見

文化的な香りを残してくれた何かが、この森にはある。ピアソンの森はそんなに大きくないが、歴史の重みというか、人間の尊厳を立証するかのような雰囲気があると私は考えている。

森の物語といえば、千坂正郎さん[*]の『北八ヶ岳の黒い森から』がある。「ソフィア・ヒュッテ物語」というサブタイトルがつけられている。千坂正郎さんには日本山岳会の会合で何度かお目にかかり、いろいろとお話を聞かせていただいた。もともと山岳雑誌の『岳人』に連載されていた「登山家の愛について」という登山の哲学的論議を読んだことに千坂さんとの関わりが始まったのである。このことについては私は『登山[*]・それは愛』に詳しく述べている。千坂さんは『北八ヶ岳の黒い森から』では上智大学山岳部の回想として北八ヶ岳のソフィア・ヒュッテの物語を語り始める。そこには板に火箸で刻まれたゲーテの「漂泊者夜の歌」、一九三五年の日記に記されたヒュッテの夜のことなどが語られる。

私たちは山に何らかの基地、小屋を持つことが長い間の夢であり、今西錦司が天才と評した大島亮吉[*]の描いた山小屋の夢「小屋・焚火・夢」とか「僕達の造る山小屋の事を」などに大きく感化を受けていた。ソフィア・ヒユッテは北八ヶ岳の黒木の森に建てられた。

山人たちはシュワルツワルトの黒い森に何らかの憧れがあるのか大島亮吉[*]も吾妻山群の黒桧の森に山小屋を造ることを考えていた。当然、私たちも時間をかけて登りつくところの森に山小屋を建てたかったが、土地の入手がうまくいかずに結局は白馬山麓の広

＊千坂正郎『北八ヶ岳の黒い森から』東京新聞出版局　一九八九

＊塚本珪一『登山それは愛』東京新聞出版局　一九八一

＊大島亮吉　一〇二ページ参照。

葉樹の林のなかに京都府立大学山岳会の小屋が建設された。付近にはザゼンソウやミズバショウが咲き、少し湿地ではあるが、みんな気に入って利用している。

私も黒い森に憧れていたが、一九九四年にフライブルグ郊外のセント・ピーターの残雪の森を歩くことができ長い間の夢を果たした。残雪を踏んで黒い森に入り、音たてて流れるバッハと高山性植物の花群れに遠い日の物語を読んでいた。夏の日であれば、いま歩いている高原には花群れが広がり、牧舎の牛たちも草を食べていることだろうと考えていた。

千坂さんの小屋の物語はオーストリアのアーダルベルト・シュティフター*の小説に出てくる南ボヘミアの黒い森が現われる。私はこの文を見て遠い昔に読んだ森の物語でもある『野の花』を思い出し、もう一度読んでみたいと思ったので、千坂さんに手紙を出して現在出版されているものについてお尋ねした。すぐに回答をいただき「おたずねのシュティフター『野の花』"Feldblumen"は一八四〇年の作で一八四四年「習作集」"Studien"の第一巻のなかに収録されています」とあり、結局は現代訳は絶版のようであった。なぜ『野の花』をもう一度読んでみたいと思ったのか、たしか森のなかで出会う幻想的な女性に青春の日のときめきがあったからである。

まだまだ北八ヶ岳の物語は続くが、あとがきに「文化としてアルピニズムが生きつづけるためには、やはり生活に潤いと価値観を与える新しいロマンチシズムが必要です」という一文があってほっとする。

日本では競技登山といったおろかな方向に青少年を誘ったがために登山のロマンチシ

*アーダルベルト・シュティフター（Adalbert Stifter 一八〇五～一八六八）オーストリアの小説家。自然描写を精細に表現した。

ズムは消滅してしまったと私はいつも考えてきた。千坂さんからある日送られてきたゲーテの『漂泊者夜の歌』の日本語訳一覧は興味あるものであった。そこには訳者として、西田幾多郎、鼓常良、大山定一、星野慎一、三田博雄、高安国世、手塚富雄、小栗浩、山口四郎、芦津丈夫の名前が並ぶ。この歌はよく山で口ずさんだものであるが、自然と人間の対立とか融合といった哲学世界に遊ぶことになり楽しかった日を思い出す。

日本では人間と自然とは、いわゆる情緒といった言葉でうまく人間勝手ではあるが関係を保っているが、アフリカの住民は自然と対峙していると聞いたが大陸的ですばらしい。この対峙は向き合って立つことだと思うが、自然の美しさとか慈愛に満ちた感情を受け入れるだけではなくそこには対話があると思う。

千坂さんも『漂泊者夜の歌』の「汝も憩わん」「やがて汝も憩わん」などの汝は東洋的解釈ではないとしている。ここにも自然は神の人への贈り物であり対峙の考えがあるといえるようである。私たちが自然のなかではどのような態度であるかについてはどうも先人たちに影響され、自己の思考が明確ではないのが残念である。しかし、私は別の項でも書いているように、「対話」というあり方でこれまで自然のなかで過ごしてきたといえるだろうから、決して花鳥風月を愛でるあり方ではなかったと思う。

8―3　森からの手紙

一九九八年七月、丸瀬布《まるせっぷ》の森に入った。丸瀬布は北見市から西南西の方向でオホーツク海に面した紋別の南方向にある。北見から札幌に向かう列車は留辺蘂《るべしべ》から北に向かい、遠軽《えんがる》で方向を変えて南西の丸瀬布へと向かう。地図で見ると湧別川に沿う山間の町であることが分かる。西の方向には丸立峠を隔てて標高一三〇七メートルの北見富士が聳えている。

国道三三三号線から分かれて南下して丸瀬布町に入る。さらに南下して、いこいの森にある「昆虫の家」で、オホーツク昆虫研究会の七名が集結した。甲虫の堀さんと加藤さん、蝶の柳谷さん、蛾の川原さん、コガネムシの多田さん、「丸瀬布昆虫の家」の喜田さんと私。

武利岳登山口を右に見て標高約一〇〇〇メートルの広場まで車で入り、そこから熊よけの鈴をつけて林道に入る。「これだけいると安心だ」と誰かが言ったように確かに安心である。七名中六名が大きな口径の捕虫網を持って登っていくさまは異様でありロマンがある。

黄色の花をつけているハンゴンソウはこの季節の数少ない花であるため、いろいろの昆虫が集まっていた。コヒオドシ、ヒメキマダラヒカゲ、カラスシジミ、エゾスジグロシロチョウ、コチャバネセセリなどで、たまにはギンボシヒョウモン、ミドリヒョウモン、ホソバヒョウモンが見られた。

道はほとんど使われていないようで道を塞いでいる倒木もそのままだし、大きなフキも道の両側から道を狭めている。こんな風景の中では時々熊はいるのだろうかと考える。左手にガレ場というかたくさんの岩の積み重なりの穴のある所が現われ、このあたりがナキウサギの棲息地だと教えられ、穴の付近を調べると岩の上や窪みに直径数ミリの糞が集められたようになっていた。ナキウサギの溜め糞らしく、ピンセットで何か昆虫はいないだろうかと探すが見つけることはできなかった。ナキウサギの声は誰もが聞いていたが姿を見ることはできなかった。

掘さんが一つの穴を指差して「手を入れてみなさい」というので、恐る恐る入れてみるとひやっとした冷気が出ていた。たぶん地中には永久凍土か何かがあって、ナキウサギの棲息を可能にしているのだろう。

道は私の高度計で一〇六五メートルで終わり、ほぼ稜線近くにいることが分かり、私たちはもとの道を引き返すことにした。帰り道はできるだけ寄り道をしながら昆虫をそれぞれに探すことになった。ハンゴンソウにやってくるマルハナバチを捕まえる者、石の下の昆虫を探している者、草むらのバッタを探している者、大きな樹木の表面にカミキリムシを探す者などさまざまである。この深い森は私たちを原始の時代に引き戻してしまう。

この日、私が知ったことは北海道の森が無限に広いということと未知という得体の知れない空間があるということであった。

この日の夜、丸瀬布の森でライトをつけて夜間採集をし、たくさんの蛾や甲虫、蜂がやってきたが、私たちはそれぞれの研究に必要なものを必要なだけ採集した。私は無数といってよいほど飛来したフン虫のヨツボシマグソコガネを数十頭採集した。このマグソコガネは南西諸島を除く全日本に分布しているが、海外では朝鮮半島、シベリア、コーカサス、ヨーロッパととんでもない広域に分布している。

次の日は柳谷さんの車で丸瀬布から厚和への道を山越えした。車道のキタキツネの糞にはコムラサキ、アカマダラ、コチャバネセセリ、シータテハなどのチョウが集まっていたが、なかには車に轢かれたものもあった。

森から出て北見の暑さは応えたが、なぜかさわやかな気分であった。

9　知のアウトドア・ライフ

9―1　知的世界へ

登山にしてもある時期までで、いつまでもそう高い山には登れるわけではない。その時にはそれなりの登山の楽しみ方、登り方がある。今日のヒマラヤ登山もビッグネームの山はすでに登られてしまい、今では回想の時代に入っているのであまり熱気もなく静かである。私は今のところ忙しいので過去のことを振り返り考えることもないが、心はいつの間にか回想の時代に入っているのか、日常の会話のなかに時には美しい過去が現れる。それに、青少年活動の講習会でも話の内容は新しいようでも過去の栄光の旅に由来した話であることに気づく。

加齢とともに美しい回想の時代に入っていくのが自然であって老化現象ではないと考えている。それは、過去の思いだけで生きているならば老化であるが、過去の美しい思いを辿り、その時には思いつかなかったことや論理を考えることは必要である。

登山では西宮勤労者山岳会の浦川一男氏が「山登りは体力だけじゃない」という一文で「知的登山」を提唱され、私はその考え方に賛同した。浦川氏は「若者に絶対に真似のできない登山」、それは「山を学問としてとらえたり、芸術的な観点でみつめること は、人生経験の豊富な中高年にとって有力な分野であり、未開拓の空白部として今後の 対象とされるだろう」という。私は決してそれが未開拓な分野であるとは思わない、「忘れられた登山」であると思う。私のいう回想的登山と同じではあるが、さらに一歩 進めて知的な遊びとしての登山とか旅ということである。小さな火を燃やして山や文学、哲学が語られるような登山が若い人々の中にあってもいいのではないか、少なくとも私 たちのかつての山にはそんな世界を持とうと思えば持てたことは事実である。

高齢者の登山が盛んであるが、山頂に立つとか歩くだけが目的となっている登山では 山頂でビールを飲むしかない。このような登山がいくら多くなってもウエルネスではな いし、かつての若者の登山のまねごとであると言われても仕方がない。私がこのような 文を書こうと考えた理由の一つは、大島亮吉の世界を知った日であった。大島亮吉の世 界を知った日は遥かな昔であるが、それ以来、たえず今の高校生や若い人の登山の中に 大島の世界が戻って来ることを願っていた。

その大島亮吉の世界は私にとっても巨大で深遠なものであった。大島亮吉の遺著『山 ―研究と随想』が出版されたのは、私が生まれた一九三〇年であるから、私がこの頃の 登山や登山者についてとやかく言うのは間違っているのかもしれない。『大島亮吉全集』*二の「解説」に、安川茂雄は大島亮吉を「山岳研究家(アカデミスト)、多感な山岳紀行 家、随想家というよりは、さらに次元の高い実践的アルピニストを背景とした文学者、或いは思想家、エッセイストといった印象が私につよい」としている。このなかでの山

＊『大島亮吉全集』二　あかね書房　一九七〇

岳研究家（アカデミスト）というのが、この項の主題である「知的アウトドア者」であるか、もしくは、安川が掲げたすべてがそれに当たるのではないかと考える。私が感銘した大島亮吉の世界は、単なる学者としての山岳研究家（アカデミスト）のそれではなく、多感な山岳紀行家、随想家、思想家としてのあたりも含めてである。私が世界と言う表現をとっているのもトータルな意味での大島亮吉であって、部分ではない。

ここで、私は知的アウトドア者の条件として、「新しい発想の開発」というのをぜひ加えねばならないと思う。大島亮吉の知的登山者としてのもっとも大きい部分はこの「新しい発想」であったということであろう。すなわち、知的な世界では学問と同様に、新鮮なものがあるということがもっとも大切であると思う。

例えば、大島の紀行文にはこれまでの花鳥風月をめでていた日本のそれでなく、アルペンの思考が日本の山々でも息づいていることを教えてくれたことになる。言い替えれば日本の風景の新しい見方を大島は教えてくれたことになる。しかし、なんと言っても私の大島亮吉の世界への開眼は『涸沢の岩小屋のある夜のこと』を読んだ日であった。この文は一九二六年「登高行」五年、のものであるが、この一〇〇年近い間にこのようなオシャレで、しかも、哲学的な文章に出合ったことがない。かつて、島崎藤村の『破戒』で「雷鳥の寂しく飛びかうというのは其処だ。氷河の跡の見られるというのは其処だ。」という文に出合ったときも、その新鮮さに驚いたが、それ以上に西洋の山というか思考を与えられたのであった。

大島亮吉の世界によく似たものは、先に紹介した関西のＲＣＣの創立者、藤木九三[*]の

*藤木九三（一八八七〜一九七〇）。

それであった、この二者はともかくよく勉強しているということで共通性があり、ともに私の心に滲みとおる「詩」のある文章を書く人たちである。

山の文ではそのほとんどが、ひとりよがりでいきがったものばかりであるが、大島亮吉、藤木九三、尾崎喜八*の文は私に「文章とはこのようなものだ」と教えてくれるものであった。だから、この三人の内のどれかを読んだ後では、しばらくはペンを持つことはできないのである。

*尾崎喜八（一八九二〜一九七四）

大島亮吉は「山で考えること」を教えてくれ、しかも、それは山にも、あの京都の琵琶湖疏水辺りの「哲学の道」があることを教えてくれたのであった。

私にとっては大島亮吉は知的アウトドアの神様である。

9―2　知的アウトドアの実践者たち

一九九七年にカラコルムで遭難した原田達也はしっかり山のスケッチをやっていたし、広島三朗もイスラームの研究者であった。

K2隊のメンバーの宮森常雄はヒマラヤの地図については世界的な研究者で、ユニークな方法で山座同定をやっている。

私の所属する日本山岳会京都支部の薬師義美*の大著『ヒマラヤ文献目録』は世界的なもので、海外の山岳図書目録にもYAKUSHIの記号が付けられ応用されている。

*薬師義美『ヒマラヤ文献目録』白水社　一九八四

これらの知的登山はそう簡単なものではなく、執拗なまでの努力と執念が必要であることはいうまでもない。

もう一人知的登山をやっているのが雁部貞夫で、早稲田大学入学の頃に南北アルプスに入っていた。卒業後高校の先生となり、一九六六年七月から九月までパキスタンよりヒンズークシュ山脈に入る。その後、一九六八年ヒンズー・ラジ山脈、一九七一年ブニ・ゾム山群、一九七四年、一九七五年カフィリスタンに入る。さらにパキスタン行は続き、一九七七年、一九七八年、一九八〇年に入っている。そして、一九八五年には崑崙山地などの西域に入る。一九八七年にテリイチ・ゴル、テリイチ氷河に入っているが、チトラルからヒンズークシュにかける情熱はすごいものがある。

そこで、雁部さんについての本論に入るが、彼は多くの編著や訳書はあっても、自身のものがなかったが、一九八九年九月に『崑崙行』*を出版した。私は一九九〇年に雁部さんに出会い、一冊いただくことになり、送られてきたものを見て驚いた。というのは紀行文かエッセイであると思っていたが、開いてみると歌集であった。

だいたい私の周辺には歌とか俳句などを詠んだりする者はまったくいなかったし、考えられない世界であった。亡くなられたK２隊の隊長の新貝さんがヨットをやっていたが、これも私にとっては考えられない世界であった。ともかくページを繰っていくに従い、私がかって体験し、見た世界が現われ始めた。もしかするとこれは本物かも知れないと考えたのであった。

雁部さんとは昔から、RCCⅡ、（第二次ロッククライミング同人）とか、K２隊の会議、ヒンズークシュ・カラコルム会議などの席で出会っても、たいていは東京の原田、広島君などと共にくだらない話ばかりしていた。東京新聞「岳人」の全集の編集委員会

＊『崑崙行』 雁部貞夫（一九三八〜） 短歌新聞社 一九八九

の時はまじめに山の話しかしなかったから、彼と歌は結びつかなかったのである。

朝々の目覚めにポプラのそよぐ音人住む谷に帰り来りぬ

桑の木のかげに安らかに今宵寝む氷河かかりし山に陽が落つ

カラコルム、パミールでの朝に、いつも聞いていたポプラのあの葉ずれの音が聞こえてくるし、白い実をいっぱい着けたクワの巨木の陰からすぐ近くの氷河の白い輝きが見えるのだった。どの歌もたとえ場所は違ってもすべて私の世界に密接なかかわり合いをもっているのであった。正直言って、私は短歌とか俳句を重要視してはいなかったが、雁部さんの歌を見てからは考え方を変えねばと思った。

『崑崙行』の巻末の著者の経歴を見ると、雁部氏は中学校時代にすでに作歌の手ほどきを受けていることがわかり、早稲田大学に入学した一九五七年にはアララギへ入会している。途中しばらくは作歌活動を停止していたようであるが、まさしく歌の世界での知的登山をやっていたのであった。

雁部さんもともかくよく勉強しているようだ、一九九〇年九月末に久しぶりにヒンズークシュ・カラコルム研究会が開かれたが、そこで、彼は「ダルデイスタン研究の創始者G・W・ライトナー」という発表をしている。また、彼の勤務校の紀要には「チトラール語－語彙集」を発表している。

原田達也と共にカラコルムに消えた広島三朗は「サブロウ」とか「サブちゃん」とい

つもみんなが言っているので「ヒロシマ・サブロウ」だと思っていたら、「みつお」だそうである。この「サブロウ」も高校の先生でかなりの知的アウトドア者であった。「知的登山者の条件」といったものがあるとすれば、「知的生産者である」、「社会への貢献者」などがあると思う。今まで述べた薬師さん、雁部さんなどもこの二つの条件は満たしている。薬師、雁部の訳書、編著は社会への貢献度は高いといえよう。この広島三朗さんも知的アウトドア者の条件は満たしている一人である。訳書、著書も勿論であるが、パキスタン協会での彼の仕事や「聖者学会」での活躍は、日パ両国の友好に貢献しているといえよう。

彼は薬師さんと同様に地理学を専攻しているから知的アウトドア者の位置を得やすかったのかもしれない。職業的知的アウトドア者とは少し違うのは薬師さん同様に地理学だけではなく学校教師としての立派な専業があり、フィールドワークを独自の知的なレベルで掌握している点である。この「独自の知的なレベルでの掌握」も知的アウトドア者の条件にいれることができるだろう。ユニークであるということは学問にとっても重要な条件であることは間違いないであろう。

たとえば、広島さんの著作の一つである『地図と地形の読み方』は小冊子ではあるがなかなかユニークなもので、分かりやすく、しかも、興味をもって読めるものである。

彼の関わっている「聖者学会」については、私も十分に説明できるだけの知識も能力もないが、簡単に言えば、イスラームの中の聖者は日本で言えば、かっての「聖」であった「役ノ行者」のような存在で、民衆の中または貴族の中で信仰されている存在である。

私は一九六三年にカラチに滞在していた時、ジャパン・クラブのTさんからイスラームについて連日講義を受けていたのだが、この「聖者」、「聖者廟」については何も教えて貰っていない。それに、一九六三、一九六五、一九七七、一九八三年と私はカラコルム登山のためにパキスタンに入っているが、なぜか「聖者」「聖者廟」については知ることがなかった。

京都でパキスタン協会の会合が開かれ、広島さんの「聖者」についての講演を聞いてはじめていろんなことが理解できたのであった。また、彼は「日本・パキスタン協会」の会報に「聖者崇拝入門」を連載しているからそれを読むと理解できる。ダルガーは聖者の墓で、中で礼拝するモスクとは違うといったことも学習した。

「あのカシュガルの香妃廟*（アバホージャフン）も聖者廟と違うか?」と言うと、「そうです」と言う答が返ってきた。やっと私も「聖者」について理解することができそうで、かつて歩いたパキスタンやパミールでの「聖者廟」が頭に浮かんでくるのであった。

広島さんは能動的人間で、活動能力が高いということですばらしかった。ある時は、日本のどこかに現われ、何かをしゃべっているといった感じで楽しい存在でもあった。

ここに紹介した人々はあまりにも卓越しているが、もっと肩の力を抜いた楽しい知的活動もいろいろあるだろうから、日頃からアウトドアでの資料収集をやればいいだろう。深田久弥の『日本百名山』を登ることも日本のシニア登山者の流行であるが、これは昔もあったピークハンティング的登山である。深田さんの山の文学もその背景の哲学も巨大であるからその百名山は知の登山として意味深いものがある。

＊中国・カシュガル香妃廟

しかし、流行となることには抵抗があって、自分なりの百名山があってもいいのではないだろうかと思う。自分の哲学がないアウトドアライフはありえないと思っているのは偏見かもしれないが大切なことだと考えている。自分自身の哲学を持つことは自分を律する術であり、また、自然の中での自己を防御する術だと考えている。言い替えれば深田さんの求めた日本百名山は深田さんの哲学を形成するための登山であった。

深田さんのような巨人の書いたものを読むとそれにあまりにも影響され、自己の表現がすくんでしまうという羽目になるから恐ろしい。

9—3 知的空間の創造

今日の住宅事情では、各人のための書斎などとんでもないというのが普通の話であるかもしれない。しかし、生涯学習という考え方であれば家族がそれぞれに書斎と言うか勉強部屋、ワーキング・スペースを持つのが理想であろう。

昔読んだパソコン雑誌の『ASAHI パソコン』の四三号（一九九〇）に、「快適なパソコン書斎を作る」という特集があった。それによると、一〇畳ほどの書斎を持っていて、天体観測のできるベランダまであるTさん、和室六畳の書斎を持っているHさんの例が紹介されていた。ともにパソコンで仕事をしているためパソコンのある風景である。書斎とは何かが気になって『広辞苑』を引いてみると、当り前だが「書を読んだり、ものを書いたりする部屋」とあった。

私は現在この文をペンを使って書いているのではなく、パソコンのワープロ・ソフトを使ってキーボードを叩き文章を打ち出している。私の前にはN社のパソコンとM社のパソコンが並んでいる。文章や計算はN社のを使い、統計や図、グラフはM社のものを使っている。キー・ボードをディスプレイの下に押し込むと狭いが机の面が現われるからそこで何かを書くことになる。しかし、その狭い机のところでは本を広げて読む気になれない。そのためか、この頃は読書量が減少しているようである。

私たちの書斎は一戸建である点はすばらしいが、一階は八畳、二階は三畳もない少し変形な建物である。私たちというのは一階は私とつれあいが同居している空間である。ドアーを入ったすぐ左のコーナーには私の仕事机があって先述のパソコンがある。入った右には低い座敷用のヒーター付きの机があって、そこでつれあいが仕事をしている。部屋の周辺には本棚があり今にも崩れそうになるほど本や資料がはいっている。

部屋の真ん中奥に階段があって二階に上がる。ちょうど踊り場ほどの面積に大きな机があって昆虫の標本箱が並び、実体顕微鏡が置かれている。二階の東側の本棚は「山の本」が並び、西側にはほとんど「昆虫関係」の本が並んでいる。昆虫の仕事をする時は二階に上がってすることになり、一般的な仕事はパソコンの前に座ってする。

もし大地震がくれば部屋の中には各所で本の雪崩が起きることは確かであろう。憩いの空間としてはつれあいの後ろに比較的大きなソファーベッドがあって座って本を読むことができる。

この書斎を作る時にすでにこのような雑然とした空間となることは予想していた。書斎ができても、山の雑誌や多くの資料は裏の小屋の二階に積み上げたままである。今のところ本や資料を処分しない限り理想的な空間としての私の書斎は未完成のままである。私が失敗しているのは書類の整理ができていないことであるから、ファイルを少しずつ買ってきて整理を始めた。私の前の書棚には「コングール資料1」とか「鞍馬寺1」、「生涯学習1」、「観光学会」、「野外活動1」などのファイルが三〇ほど並んでいる。このファイルが膨大な量になってようやく整理が終わるのではないかと思う。

知的生活は「整理学」から始まるというのは常識であるが、これがなかなか実行できないし、あまりにも整理し過ぎると仕事ができないことにもなる。雑然とした中でしかものが考えられないようになっているのかも知れない。有名な文学者や学者の書斎はだいたい雑然としているのではなかろうか。いくら雑然としていても、それが自分の作ったものであれば身の置きどころとしてはふさわしいものである。書斎とは読んだり、書いたりするところであるが、実際は「ものを考える場」であると思う。したがって、考えられる場としての条件が必要となってくる。

京都の下鴨に「書斎」のマンションを作った人があり、結構大学の先生も利用しているという。書棚とベッドと机のあるそう大きくない部屋であるが、利用者が多いということは、自己の居住空間では「ものを考える場」がないからであろう。私の場合、もしそのような空間が与えられたとしても「ものを考える場」とはならないだろう。それは、あまりにも寂しすぎるし、なにか頼りにする雑物がなさすぎると思う。独居房で「告白」の書を書くような毎日になるのではないだろうか。このように考えると書斎は単なる閉鎖空間ではなく、窓外の自然とのなんらかの関係を持ったものであって欲しい。先述の

Tさんの書斎は天体観測のベランダがあったし、Hさんのそれは縁側をへだてて庭があった。

私の書斎も窓は大きく床からとってあるため、窓を開ければ緑がみえる。二階への階段は吹抜けの役目をしているから空間が縦に大きい。

また、Tさんの机はコの字型になっていてパソコンを使うときとものを書く机が違うし、Hさんは移動式のワープロ机を用意している。

このように「ものを考える場」は「広く」しかも、「柔軟性」がなければならないだろう。そして、書斎には「自分だけの記念品」が欲しい。例えば、Tさんの書斎にはTさんにしか分からないいろいろなものがあり、Hさんの書斎の家具はすべて手づくりである。私の書斎には私のために描いていただいた上田哲農氏の絵があり、私の撮影したK2の写真がかけてある。つれあいは北海道の富良野のラベンダーの写真を掛けている。K2の写真はモノクロだが八〇cm×八〇cmの大きなものであるから、臨場感がある。言い替えれば、この写真はいつでもコンコルディアへ通じているタイムトンネルである。書斎にはこのような「タイムトンネル」が必要である。

9—4　高齢者の知的アウトドア・ライフ

私も立派な高齢者であるが、ある時何かで加齢と老いることの違いを聞いて納得した。年を取ることは当たり前で自然であることは間違いないが、老いることはある時期まで、またはこの世との別れまでストップすることができるだろう。

九〇歳代まで老いることなくしっかり生きた人々は数限りないだろう。それらの人々はそれなりに心身の健康を保つ努力をしていたと思う。先日、串田孫一[*]さんの文を久しぶりに読んだ。丸善の『学鐙』に「滲む」という表題で、そこに「人間は原始の生活に一種の憧れを抱いて生きて行かないと、取り返しのつかない方へ流れてしまうと窃《ひそ》かに思っている」とあった。私はこの文にアウトドア・ライフの重要性というか原点を見たのである。串田さんの言う取り返しのつかない方というのが「老いる」であると思う。一端老いてしまえばまず復活は望めないだろう。

単に山を歩き花を愛でるだけが原始の生活への憧れではなく、吉沢一郎さんの生き方であった「読み、書き、登る」の三要素が必要なのである。この「読み、書き」のためには当然「考える」というもっとも知的な活動がある。言い替えれば行動と知的なものの調和があってはじめて原始の生活といえる。ソローが、「死ぬときにしっかり生きていた」と思えるように、ウオールデンの池畔での生活を始めたようなアウトドア・ライフが必要なのである。

一九九八年の一〇月末に、一九九五年のディラン隊の高橋正君が仕事で岩見沢から北見にやってきた。二年前、岩見沢ではすごいすし屋でごちそうになったが、すし屋というのは話をするにはあまり適していないから、いつもの居酒屋に連れていった。私はその居酒屋は北見の市民との交流の場としていいところであると常に思っている。二日前に山の友達が来ることを予告したこともあって居酒屋のご夫婦はいろいろと考えて料理を出してくれた。

*串田孫一「滲む」『学鐙』九五(7) 丸善 一九九八

一九七五年のディラン隊は北杜夫*がドクターで参加し『白きたおやかな峰』を書き上げたのである。高橋君も上部で活躍したがこの隊は頂上直下七〇メートルで悪天に見舞われ敗退した。

高橋君はちょうど店にやってきた北見の山愛好家とも話ができたし、居酒屋の親爺の自慢であるミニ石狩岳のナキウサギの写真も見せてもらって満足そうだった。彼はいまでも斜里岳や大雪の山々を登り、仕事も北海道の産業の作法である「産業クラスター」に関わっている。彼と話をしていると過去の登山の話もなく、好奇心に満ちた現在の行動についての感動があった。彼もまだ老いるにはほど遠いことであろう。

より知的であるということは、未知の分野への開拓の意識をいかに持つかであろう。健康の保持には食べるという作法をいかに考えるかということであると思う。考えずに食べること、飲むことは不健康である。「読み、書き、食べる」といった思考もあっていいだろう。それに、日本の思想だと思うが、「晴耕雨読」というすばらしい生き方があるが、これこそアウトドア・ライフと書斎との連結のスピリットである。雨の日に寝ころんで酒をくらい、スナックを口にしてテレビを見ていたのでは早く老いることは間違いない。今日の若者が何か生気がなく年寄り臭いのもこの「晴耕雨読」のスピリットに乏しいからであろう。

別の項で述べたが、野外で苦労し、楽しく料理をつくることがいかに有意義であるかを日常にも持ち込むことである。コンビニ、お総菜の購入は老いの道への近道で、健康とかそれを考える場面がない。日常に原始性を求めるということは生の肉や緑の野菜を

*北杜夫ドクター　カラコルム・一九六五年

手にして調理法を考えることだと思う。

パキスタンの山奥で何日も目的の村に向かって歩き続ける人たちや、アフリカでも気の遠くなるほどの行程を歩く人たちには万巻の書を読む学者と同様の思考領域を大切にしていると思う。果てしない道を歩くということは最も原始的であり、それを忘れた人たちは老いの道を急ぐことになる。

10　アウトドアの哲学

10―1　自然誌の中で

私が博物学の時代の到来ということを考えたのは、一九九六年一〇月に「北海道新聞」を始めとして数紙が、北海道知床で観光客がヒグマにパンを与えたという報道がきっかけである。最初、私はこの問題を「観光倫理」の問題として観光学会で報告したが、今日、人間と生物との関わりの学である博物学の分野での理解と研究が必要であると考えなおした。博物学・博物誌というのは、人間の歴史という軸の周辺のあらゆる自然現象、自然界の事物などを記載し、追求してきた学問であり、人間の自然思考領域もこの学問に入るものだと考えた。

もともと博物学は中国、西洋では本草学・薬学として発達し、ある時代には博物学、植物学、動物学さらには生態学、動物行動学と分岐していった。

博物学と生態学についての領域と問題点について考えると、エコ・ツーリズム、エコ・修学旅行、エコ・シティなどのエコロジーは確かに人間を含めた生物とその環境との相互関係の学問であるが、それには大きく欠落しているものがあると考えた。それは人間の思考、感情、感性、行動、さらには習俗、習慣、風土と言った語彙で表現できるものであろう。それには愛、嫌悪、差別、自由、その他の語彙でも表現できるさまざまな問題を包含するであろう。愛、嫌悪などについては別にそれを論ずる学問領域があるが、あえて、私は人間や動物の行動について観察する時に、それらは生き物世界の構造として考える必要があるとした。その点、生態学と違って博物学という領域ではかなり幅のある自由な発想があって、複雑系の生態学こそが博物学であると考える。

知床の観光客のようなヒグマに餌を与えるという行動について、それをモラルの問題として論ずるか知識と学習の問題として論じるかについても明確にしたいと考えたのである。

いま、なぜ博物学かについては明確に説明することはいささかこじつけ的であるかもしれないが、樺山紘一*の世界史の順序についての論述（一九九七）のなかで、一つのヒントを得たのだった。それは特定の過去を選択するのは、現代が過去のいずれかに特別な意味を与えるという考え方である。人々が自然を愛好し、生活のなかに官能の喜びと知的好奇心の充足を求めた一八世紀に今日のさまざまな現況を当てはめることになる。博物学は人間の知的好奇心から出発し、各世紀に共通性があって楽しく、生物やその他に愛情とか恐怖、さらには妄執的なものまで自由に表現するような奥深い学問である。

博物学でなくとも生態学があるが、生態学は人間が自然・生物などを傍観するという立場であると考えるがどうであろうか。

今西錦司は、「生態学*のように自然を縦割りするのではなく、横割りにすることによっ

＊樺山紘一　「世界史の順序が失われたあとに」『学鐙』九四(3)　一九九七

＊今西錦司　『自然と山と』　筑摩書房　一九七二

て、一つひとつの種社会を分析したい」(一九七二)と述べ、さらに、「生態学では動植物から人間までを含めた全体の、総合原理として不充分」(一九八二)としているが、それは生物的自然はすべて社会現象として取り上げられるという考えであった。観光客の視点での野生動物の様相と、生態学からの視点のそれではレベルの違いのみでなく、次元の違いがある。したがって博物学の視点でこの両者の段差を小さくすることが可能であろう。そして、アウトドアの哲学を生態学で論議するよりも、むしろ博物学、社会学で考える方が適切であると考える。

なぜいま、博物学かについてのもう一つの理由は、今日の科学技術の進歩はすさまじく、また今後もそれは二一世紀に入ってさらに進歩することが予想される。しかし、科学技術をバックアップする技術哲学とか一般の認識が置き去りにされ、さまざまな事故が起こっている。たとえば、信楽高原鉄道の正面衝突事故とか長野県八ヶ岳のピラタスロープウエイの駅舎衝突事故なども、コンピューター制御に依存した典型的な現象である。

動物行動学やヒグマの研究分野では人間、ヒグマ、キタキツネなどの関係もかなりのことが解明しているだろうが、それらの成果は野外で遊ぶ者や旅行業、観光客とは無縁であり、その接点が見えないのが現状である。

さらに現代の学校教育の中では、環境問題、地球温暖化、酸性雨などの問題は立派に組み込まれ学習形態もととのっているが、その反面、昔の博物学的な内容やマイナスイメージの部分の学習が欠落している。日本列島に生息する野生動物のこと、その動物が

*今西錦司『自然学の提唱』講談社 一九八二

人間との関わりのなかでどのような状態であるかなどは学習できていない。北海道ではヒグマが、本州ではツキノワグマが、年間何頭ほど有害駆除(射殺)されているかなどを知れば愕然とするだろうし、その論理をうまく説明できないだろう。地球規模で考えるということは大切ではあるが、自分たちの生活圏で何が起こっているかの認識がないのも問題であると考える。身近なことを考える時、環境学に替わる博物学があるのではないかという考え方を進めていきたい。

二一世紀的な発想としての住民運動にも博物学の方法論が取り入れられ街づくりなどで環境NGO等が活躍している。北海道北見市の「中ノ島公園の自然をいつまでも」という趣旨で活動しているファン倶楽部*の公園保護運動などは、その例である。この運動には街の博物学者が数名参加していることも特徴である。昔と比較して中ノ島公園では*オオイチモンジというチョウが少なくなっているので、その食草であるドロノキの苗を植えている。流れ込む小さな沢に昔のようにザリガニがいないと分かれば、その原因を考える。

10—2 古典博物学から近代博物学へ

博物学には底知れない麻薬のような魅力がある。博物学の魅力は、やはり古典的博物学にそのルーツを見ることができる。博物学と麻薬とは陶酔性と習慣性、さらには幻覚もあって奥深い世界への侵入があることが共通しているだろう。

博物学史をひもといてみると、一七八九年のギルバート・ホワイト*の『セルボーンの

*中ノ島ファン倶楽部　北海道北見市の常呂川と無加川の合流点の中の島公園に思いを寄せる人々の倶楽部で、公園でさまざまなウオッチングなどの行事をやっている。

*オオイチモンジチョウ　タテハチョウ科の大型種で北海道では平地に生息している。

*ギルバート・ホワイト　(一七二〇〜一七九三)『セルボーンの博物誌』新妻昭夫訳　小学館　一九九七

博物誌』といった書物が狂熱(クレイズ)を作ったとあるが、それぞれの時代には、人それぞれにクレイズの原因となるものがあることに気づくだろう。例えば、ファーブルの『昆虫記』、ホワイトの『セルボーン』などもそれであろう。私は岩波文庫のファーブル『昆虫記』第一冊を開いた日、そこにはスカラベ甲虫が糞を転がしている図があって、本文を読んでいるうちに、この甲虫が古代エジプト人にとっては復活のシンボルであり、天球の回転にまで及んでいることを知った。そして、ピラミッドという古典的造形物から多くの石のスカラベが出てくることを知った時に、私の頭と胸は「狂気」に近いもので占められてしまった。

西洋史ではヨーロッパの一六世紀は宗教改革と反宗教改革の激動の嵐の時代、一七世紀は「天才の時代」「科学革命の時代」「バロックの時代」であったとしている。そして、一八世紀は啓蒙の時代でもあり、学名の創始者でもある分類学者のリンネ、ビュフォン*は専門外の人々に植物や動物に興味をもたせたという。木村陽二郎*氏は『ナチュラリストの系譜』(一九八三)のなかでリンネとビュフォンがルソーに影響を与えたと記述している。ビュフォンはその大著『自然誌』によって知的な議論の話題としてフランスの社交界に華麗な波紋を広げたという。

イギリスの博物学者が身につけた生物と自然の見方が、英文学の一般的発達に影響し、多くの学者は『セルボーンの博物誌』が英文学に影響を与えた好例であると言っている。

ギルバート・ホワイトは、一七五五年よりロンドンの南西八〇キロのセルボーンで代理司祭を務め、庭園での観察記録を書簡にし、一七八九年に『セルボーンの博物誌』と

*ビュフォン(一七〇七~一七八八)フランスの博物学者。一七四九年から一七八九年に刊行した『博物誌』全三六巻は、全ヨーロッパで広く読まれた。

*木村陽二郎『ナチュラリストの系譜』中公新書 一九八三

して出版した。この『セルボーンの博物誌』は博物誌の原点といわれ、多くの文学者、博物学者に影響を与えた。『博物学の黄金時代』*の著者リン・バーバは「野外派博物学者が一九世紀初め、唯一霊感源と仰ぐことのできたお手本はホワイトである」としている。ホワイトはほとんど旅をしていないが、普通のものをしっかり見るという点では大きな影響力があったのだろう。

このように『セルボーンの博物誌』は多くのすばらしい評価を得ているが、ジェラルド・ダレルとリー・ダレル*はナチュラル・ヒストリーを明確かつ魅力的に書くことのすばらしいモデルであり、植物と動物の関係についての細部の記述は、時代をはるかに先駆けるものであったと高く評価している（一九八二）。「イギリス博物学の社会史」のサブタイトルをもつ『ナチュラリストの誕生』（一九九〇）の著者D・E・アレン*は、ホワイトはイギリス最初の博物学の作家であり、採集ではなく忍耐強い観察を行ったとする。また、『セルボーンの博物誌』は私たち一人ひとりの内面にある神秘的で個人的な教会であるという賛美もある。さらに、一八三〇年代は博物学が熱心に取り組まれたもう一つの時代で、一九三〇年代の一〇年間と似ているとしている。この時代を超えた現象の指摘は後述するが、日本の博物史の中にも該当するものがあり、その時代を超えた連続性は博物学の特徴でもあると考える。

一九世紀は高山の植生を研究したアレクサンダー・フォン・フンボルト、『アマゾンの博物学者』*のベイツ、バリとロンボクの動物相の違いを指摘したウオレスらのように探検博物学の時代でもあった。一八五九年のダーウインの『種の起源』と一八六五年の

*リン・バーバ『博物学の黄金時代』高山宏訳　国書刊行会　一九八〇

*ジェラルド・ダレル、リー・ダレル『ナチュラリスト志願』日高敏隆・今泉みね子訳　TBSブリタニカ　一九八二

*D・E・アレン『ナチュラリストの誕生』阿部　治訳　平凡社　一九九〇

*ベイツ『アマゾンの博物学者』岩波文庫

メンデルの遺伝学は博物学とは少し違った別の方向を示した。これらは、学際的な成果と生命の探究への方向の示唆でもあった。

二〇世紀に入って生物相互の関係と環境を包含した生態学が始まったが、「生態学は博物学で行われていた科学的方法(それだけではないが)に、多くのことを学んでいる」という意見(一九八七)を上野益三*は述べている。

さらに、上野はナマコの分類の大島廣、クラゲの分類の内田亨、動物発生学の元村勲、動物生態学の加藤陸奥雄による座談会「忘れられた博物学」(一九六一年一〇月八日、NHKラジオ、仙台)で「博物学は過去の学問ではない」という意見があったことを引用し、この座談会から二五年後の今日、博物学は健在で興隆の一途を辿りつつあるとする。上野が博物学が健在であると言っているのは一九八五年頃であるから、二一世紀末の現象として先に述べたD・E・アレンの説が生きてくる。さらに上野は、高度な発達は「個体を相手にする、博物学的な面がお留守になっている」と指摘しているが、このことは一見高度なレベルに達している現代生物学の欠点でもある。

博物学の体系と方法論について考えてみると、古典博物学と近代博物学はあまり相違がないことが分かる。名前を知る、学際的である、ロマンがある、狂気の世界である、ライフワークとなる、自然に親しむ、啓蒙活動であるなどのキーワーズが示される。もし相違があるとするならば、それは近代博物学にもハイテク技術が導入されたということである。現代では高級なカメラと各種レンズ、デジタルカメラ、ビデオ、パソコンなどに登場している。

*上野益三『忘れられた博物学』八坂書房 一九八七

もう一人、日本人にも何らかの影響を与えたジョン・ラスキン[*]について志村正雄[*]は、H・D・ソロー、志賀重昂、島崎藤村、宮沢賢治などが『近代画家論』の影響を少しは受けていたことを指摘している（一九九五）。H・D・ソローについては「ものの見方」や「見たものをいかに書くか」を『近代画家論』（一八四八〜六〇）、『建築の七灯』（一八四八）から学んだとしている。さらに、一時期人気が途絶えたラスキンが、アメリカでは人気が回復しているという。それは現代への提言として「エゴからエコへ」の環境問題の根底にあるものをラスキンから読み取り、ラスキンを読みなおすことを提唱しているからである。

確かに『近代画家論』中の自然について、山岳については実に多くの現代に再考すべきものが語られている。

*ジョン・ラスキン（John Ruskin 一八一九〜一九〇〇）John Ruskin『近代画家論』『建築の七灯』（一八四八）

*志村正雄 「ラスキンを読む」『学鐙』一九九五

10—3 博物学の時代の再来

日本の博物学史については紀元前七五〇〇〜紀元一九〇一まで記述した上野益三[*]（一九八九）の大著がある。日本における近代博物学の黎明期は、日本博物同志会の『博物之友』発行と日本最初の社会人山岳会である日本山岳会創立の時代に始まると私は考える。

日本博物同志会は市河三喜が首唱し、東京第一中学校の学生を中心に河田羆、辻村伊助、矢野宗幹、高野鷹蔵、武田久吉などが創立に参画している。会の機関誌、『博物之友』の創刊年号が一九〇〇年（明治三三）と一九〇一年の二種あるが、これは市河三喜が小熊捍、松村操と手書きの毛筆の回覧雑誌に始まり、一九〇一年には新たに印刷され

*上野益三 『日本博物学史』星野書店 一九四八
上野益三 『年表日本博物学史』八坂書房 一九八九
上野益三 『博物学の愉しみ』八坂書房 一九八九

て発行されたことによる。この『博物之友』は一九一一年五月、第一一巻八二号まで続いた。一九〇二年(明治三五)、日本博物学同志会は会員数一六七名で、一七八八年創立のイギリスのリネアン協会同様に世界的なプロとアマチュア・ナチュラリストの集団であった。

その会規則第一条には「本会は日本博物学同志会と称し博物学を研究し斯学知識を交換するを以て目的とする」とある。機関誌『博物之友』は地学、動植物、その他、多岐にわたっていて、方法論、教育論などの論評が掲載されていて高山植物、高山蝶などの発見の記載もあるのが楽しい。

日本で最初の社会人山岳会である日本山岳会は、一九〇五年に日本博物同志会の文会として河田羆、高野鷹蔵、武田久吉、高頭式、梅澤新光、小島烏水、城数馬の八名で創設された。この会の創設には当時、来日していた英国人牧師のウォルター・ウエストンがアドバイスを与えている。

博物学では一九世紀頃には、いかなる動物も生き生きとしたおもしろいものにしたというが、ファーブルの『昆虫記』の糞転がしの記述もそれで納得できる。第二次世界大戦後急速に発達した動物行動学の研究によってけっこう動物の行動はおもしろく理解できるようになった。一九九六年一一月の東京大学農学部で開催された日本動物行動学会第一五回大会で、東大農学部樋口広芳・森下英美子の「なぜカラスは置き石をするか」の報告を聞いた。以前からカラスが鉄道線路に石を置くことが問題になっていたが、この研究で石を置くのではなく、置き忘れであるとか、レールが食卓?、もち替える場所?、などと古典博物学的で面白く、研究の方法論は近代博物学ということになるのであろう。また、この学会ではシンポジウムのテーマが「擬態」であったことも、行動学と博物学も共通点があると思う。擬態については、まだ解明されていないことが多く、人間の側からの論理と、動物、昆虫、鳥側からの論理ではまったく違ったものであろう。人間の目と鳥の目の違い、それらの意識の違いを考えると迷路へ入り込むことになる。

リン・バーバーは博物学に独特のステータスを与えたのは「自然を通して自然の神へ」という敬神という要因であったという（一九九五）。では、現代の博物学にステータスを与えるとするならば、それは何であろうか。たとえば、それは「共生」とか「自然学」といったものであるかもしれないが、それは神話としてのものであろう。二〇世紀は曖昧模糊の博物学から生物学の時代へと変わってきたという。一八四〇年代はケンブリッジ大学でも博物学は暇つぶしであるとしか見られていなかったし、一八六〇年までは杓子も博物学者」の時代ではないかと思う。というのも京都御苑などで多数のバードウオッチャーが活動しているが、そのほとんどがリン・バーバーの『博物学の黄金時代』に現われるような街の博物学者たちである。彼等の鳥類の撮影技術もプロ並みで高級な望遠レンズと十分ある余暇を使っている。結構指導力もあるためインタープリター*として活動できるだろう。彼等に、もし欠けているものがあるとすれば、それは学術用語を使っての表現であろうが、そのような表現が出来なくとも博物学的な本質は見抜いているに違いない。一九九七年三月に、京都御苑にアフリカからユーラシア大陸に広く分布

G・H・ルイースは「猫も杓子も博物学者」であったとするが、現代もけっこう「猫も

*インタープリター　自然解説者、自然案内人であるが、研究者であることが好ましい。

するヤツガシラ（ヤツガシラ科）が飛来し、連日、一五〇人を超えるバードウォッチャーを集めた。また、一九九七年初頭は、ヘール・ボップ彗星の大接近で多くの街の天文愛好者や写真愛好者がそれを追った。これらの例は、博物学時代の再来を裏付けるものであった。もう一つの共通点として『博物之友』の時代と同様に街の博物学者が機関誌を発行することが多く、パソコンの発達と共に高度なテクニックでおもしろいものが発行されている。

現代の街の博物学者たちは、「ひまつぶし」であるかもしれないが、定年後のライフワーク、生涯学習の一つのあり方としての価値が高いことも評価できる。また、街の博物学者たちは「自然保護運動」や「街づくり」の住民運動としての参加が可能になっていることも大きな特徴である。

二一世紀は今日よりも一層に種の多様性を守ることや、古典博物学と違って普通のものを大切にすることになるだろう。そのためには自然観察会や講演会なども多く開催されるだろうし、インタープリターの需要も増加することになる。

これからは衣食住の博物学、そしてアウトドアー、観光、旅行の博物学が認知され普及することになると考えるが、いかがなものだろう。

私は上古〜徳川時代までは本草学時代、徳川から明治は古典博物学時代、一九〇〇から一九五〇年は近代博物学時代、一九五〇年から一九七九年はエコロジー全盛時代、一九八〇年から二一世紀は 博物学復活時代であると考える。

二一世紀は古典的な魅力とそれが新鮮であるという二面性をもつ博物学の時代である

と予測する。ここでいう古典とは決して古いものではなく、いつの時代にも共有する楽しい何かを意味する。

10—4　いくつかのテキスト

アメリカで二〇世紀後半の新しい世代を代表するビート・ジェネレーション Beat Generation の存在も大きく、現代のエコ・ツーリズムやアウトドアの発想に関わっていると考える。Charles A.Reich の『緑色革命』(一九七〇)の中で「すべての人間存在の絶対的価値を否定し、人生における敵対主義、又は競争主義を否定、権威、隷属という人間関係の否定、…」そしてその意識のもっとも深い源泉は自然であるとする。それは、ある時期=一九七〇年代に日本にも「バック・パッキング」の形で導入されたものへと繋がる。ビート・ジェネレーションの創始者の一人でもある J. Kerouac は、『The Dharma Bums』(一九五八)の中で「つまり、幾千、幾百とない、アメリカの若者たちがリュックサックを背負って放浪している世界だよ」とする。

ビート・ジェネレーションのバイブルとしての Allen Ginsberg『Howl』の存在も大きかった。小原広忠はビート族を「聖なる野蛮人」(一九七五)と表現している。

アメリカでは一九六六年頃に、それはすでにベトナム戦争反対の思想としてエコロジーを基調としての「ホール・アース」の表現で発信されている。それには「Whole System, Landuse, Shelter, Industry, Craft, Community, Nomadics, Communication, Learnig」の語彙が並ぶが、良く見ると現代の世紀末にも結構必要とされ、また通用している思考である。エコ・ツーリズムやアウトドア活動の基本的な発想もこの「ホール・アース」の発信時に完成していたといえよう。

一九六六年頃のバックパッキングは「ホール・アース」のNomadicsという自然への回帰が若者たちの心の支えとなった。現代、二〇世紀末にも若者の心の支えが必要であることは明白であるが、日本では経済成長期に自然が荒廃したために、若者の心を癒す場が少なくなり、都会での享楽的なにぎわいがそれに代わったのだろう。しかし、大人社会の崩壊と子ども社会の混迷の今日こそ、自然の価値の再認識が必要な時である。

芦沢一洋が『バックパッキング入門』(一九七六)で日本にも紹介したが、その精神が若者の心を動かすことなく、単にパイプのショルダーを始めとしたグッズが一時期流行したことで終わった。このことはドイツのワンダーフォーゲル活動が日本では、その精神をほとんど伝承しなかったと同様である。これらの事実は日本でのアウトドア活動やエコ・ツーリズムの成長が危ぶまれることにも繋がると私は考えている。

アウトドアでの活動についていろいろなガイドブックや自然のなかでのあり方についての提案がある。それらのなかで、「3—2」で述べたシェラ・クラブのジョン・ハートは『Walking Softly in The Wilderness, The Sierra Club Gaide to Backpacking』(一九七一)を出版しているが、その考えが具体的に実行された例として、DAEP＝Denali Environmental Project＝デナリ北極地方環境整備計画(一九七五)がある。この計画は「山に何も残さない」という基本的理念の実証であった。この計画と実行はエコ・ツーリズムの要件である「ローインパクト法」の具体的実施例として貴重なものである。

G・O・グリムはこの計画のなかで「山のみならずすべての自然環境を、人間に侵されていない状態、つまり人間が訪れたことがあってもその形跡を残していない状態に保っていたいという願望」を述べている。

ザ・ノースフェース（The North Face）社は、『ミニマム・インパクト・キャンピング』（一九八一）を提案して、小冊子を全世界に配布している。この提案は自然の中で「こうしてはならない」ではなく「こうしなければならない」としている。

二〇世紀末になりトンプソン・シートンの『シートン動物記』が再び店頭に並ぶが、ウッド・クラフト運動、先住民族からの学習の必要性を再認識するものである。シートンは自叙伝の中で、「文明人は自然を都会化する、インディアンは自分を自然化する」（一九四〇）という思考であることを述べている。この自分を自然化するということは自然のなかではもっと「しなやか」になるということであろう。

10—5 「今西自然学」の世界

自然についていろいろと考える時に、私は今西錦司[*]の自然学の重要さをとりあげる（一九八三）。その自然学というのは「生物全体社会」をイメージした思考である。今西自然学のなかでもっとも感動的な発想は「生物は決して競争などしていない。それぞれに主体性をもって生き、住み分けている」というあたりである。この考えが適応とどう違うかについては、環境というものがあってそこに生物がはめ込まれるという思考ではなく、生物が環境を造るといった思考が正しいだろう。適応という考え方は受け身であ

*今西錦司『自然学の提唱』『季刊人類学』一四(3) 一九八三

るが生物の生活は能動的でなければ成立しないだろう。

今西は自然は部分自然ではなく全体自然を考え、客観的認識の対象とする。「生物的自然には秩序があり、それ自身にそなわった構造がある」とし、その構造は次のごとく示される。生物的自然の秩序と構造については三重構造であるとし、個体＝種個体、種社会（specia）＝主体性のある認識可能な実在物 、生物全体社会（holospecia）であるとする。

生態学で説明すると、個体、個体群＝ポピュレーション、群衆＝コミュニティ＝共同体とされているが、明らかにそれには種社会の欠落があって、ここには論理的つながりがないという考え方である。

今西自然学、進化論のなかでもっとも理解が難しいのが「創生の神話」であるが、多数の高分子が変わるべき時がきて、多数の生物個体になった。またその時が種社会の始まりでもあった。そして、種個体の全部がみな、同時に一斉に変わることによって、種社会も変わっていく。「変わるべくして一斉に変わる」というのは哲学的で非科学的であるという批判があるが、現生生物群をみれば一斉に変わったのであることは明白である。

ダーウインの進化論のように「競争の論理」ではなく今西自然学は「共生の論理」でしか、説明のつかない世界でもある。今西錦司の提唱した「自然学」は人間も自然の一員としての位置を示し、自然を畏敬し敬愛する思想が根底にあるが、これはダーウインの競争の論理にもとづく「進化論」と競争の否定という共生の論理で貫かれている。西洋的思想としての「共生」ではなく、自然について「畏敬の念をもつ」「敬愛する」ということが基調になっているのが今西自然学の特徴であり、この思考は一九四一年の著書『生物の世界』ですでに完成していた。

11　行動について

11―1　アウトドアで先人たちは

探検史や登山史、博物学史をたどっていくと、そこには先人たちのさまざまな生きざまと哲学が見えてくる。そのなかには野外生活者のバイブルといったものがあり、テキストがあり、時には深く考えさせてくれる書に出合うことになる。

私はハイエルダール*の『コンチキ号漂流記』を読んだ時に、バルサの筏は波に揺れ、飛び魚が飛び込んでくる世界に入り込んだ。おおげさではあるが、この本を読みながら私は何か人生観が変わったといえるものを感じていたのだった。中央アジアのヘディン*の探検記も、私の胸に常に新鮮な風を送り込んでくれた。私が数回もカラコルムや中国西部の山に出かけたのは、これらの本の持つ麻薬的な誘発によるものからであった。

西堀栄三郎*『南極越冬記』は野外での研究者のバイブルであったと思うし、川喜田二郎のものはフィールドワークと解析のテキストであった。

フィールドワークといえば、一九八一年に中国ウイグル自治区のコングール登山隊に同行した藤木高嶺さんは、大胆で執拗なフィールド・ワークをやっていた。大学ノート

*ハイエルダール『コンチキ号漂流記』世界ノンフィクション全集　筑摩書房。

*ヘディン『中央アジア探検記』岩村忍訳　角川文庫。

*西堀栄三郎『南極越冬記』岩波新書。

に実に詳細なフィールドノートをつけていた。フィールド・ワークの価値はそのノートに現われるだろうから、いつも野外に出るとそのノートのことを思い出すのだったが、いくら真似をしようとしてもできなかった。一九六五年のパキスタン・*カラコルムのディラン峰登山隊に医師として同行した北　杜夫さんもこまめにノートをとっていたが、その結果が小説『白きたおやかな峰』であった。この本は結末こそ違っていても私たちの登山記録そのものであった。また、この本は多くの若者たちを海外の山々に連れ出したという効果と罪悪があったことも事実である。

藤木九三さんと一緒に仕事をしていた本多勝一さんも、フィールドノート的なものを幾つも書いている。フィールドノート的とは常に共に歩いているような雰囲気の内容である。それはミステリアスな世界への誘いであり、方法論の書である。

カラコルムのK２登山に役立ったというか、一つの山の自然の見方を教えてくれたのがイタリアの*フスコ・マライーニの『G４』（ガッシャブルム４峰）であった。著者と共に歩いているという雰囲気があって楽しく、バルトロ氷河のなかで、次に出現する氷河や山を迷路の中で発見することができた。私のつれあいも私がバルトロ氷河を歩いている頃にこの『G４』を読みながら本の中でカラコルムの世界を歩いていたという。

自分のやっていることが間違いなくすばらしいことであるという確認ができたのが、*今西錦司の『山岳省察』（一九四〇）であった。先生が京都府山岳連盟の三〇周年記念講演の時には、私が差し上げた『K２より愛をこめて』を手に登壇され「塚本君がそうであったように私も京都北山育ちです」と話し始められたので感動した。先生は山野で

*カラコルム・ディラン峰

*フスコ・マライーニ『カラコラム』

*今西錦司『山岳省察』弘文堂書房
一九四〇

実証的に物事をとらえ、考える学問をすすめられ、人がああ言うたこう言うたの学問ではなかった。先生が西田哲学に興味をもっておられたのも、「人は人、われはわれ…」の学問世界を歩いておられたからであろう。このことは傲慢ではなく学問の独自性というか、人＝学問という論理であろう。

このように考えると、今西自然学や今西進化論はそう簡単には理解されそうもないが、真理が隠されていることは事実であろう。今西学こそが学問としてのアウトドアの書であることを痛感するのである。

もう一つ先生から学んだことは、「科学でだめなら哲学で」という思考で、今日、学際的などといった言葉が流行るが、それを遥かに越えたものであろう。私が今日「博物学的発想」を掲げているのも先生の影響である。

フィールド・ナチュラリストのギルバート・ホワイトの『セルボーンの博物誌』が英文学、その他に影響を与えたことは先に述べたが、ヘンリー・D・ソロー*の『森の生活』もアウトドア・ナチュラリストに大きな影響を与えた。ソローはマサチューセッツ州コンコードに生まれる。一八三七年エマソンの『自然論』愛読、一八三八年に全人教育を目的とした私塾を兄と始める。一八四五年ウォールデン池畔に小屋を建て、二年二ヵ月滞在する。一八五四年『ウォールデン』第七稿を出版。

佐渡谷重信は『森の生活』の解説（一九九七）でソローについて、エマソンの言葉を引用して、「想像力が精神的向上と人類の慰藉にとって如何に価値あるものであるかを十分に認識していた」とする。

＊ヘンリー・D・ソロー『森の生活』佐渡谷重信訳　講談社　一九九七

『森の生活』が野外生活者のバイブルとされることについて考えるに、エマソンの『自然論』への共感、自然の中での体験的感動の価値観である。ソローが森の生活の体験をナチュラリストとして市民への啓蒙活動を怠らなかったことが貴重なことである。

佐渡谷は、『森の生活』の解説で一八五〇年代はホーソンの『緋文字』、メルヴィルの『白鯨』、ストウの『アンクル・トムの小屋』、ソローの『ウオールデン』、ホイットマンの『草の葉』を挙げアメリカルネッサンスの隆盛を指摘する。

さらに、訳者の言を借りるならば、自然への賛美、博物学、超絶主義、合理的現実主義の語彙とともに、華麗なフィールドノートとしての『森の生活』が後世に大きな影響力を持ったことになる。

『The Illustrated Walden』という本が一九七三年に Princeton University Press から出版されている。この本の特徴は一八九九年から一九二〇年までのウオールデン池やコンコードの写真が六六葉も掲載されていることで、私には夢の世界であった風景が現実として見ることができたのであった。いずれの写真も本当に普通の風景であるということがすばらしいと思った。

11―2　歩くこと

私は第二次世界大戦に遭遇しているため、戦場には出ていないが内地での戦争体験がある。少年期に軍事訓練とか学徒動員などの体験があることは、私が好むと好まざるに関わらず人生にある種の影響を与えたのである。

その一つに「歩く」ということがそんなに苦にならない。三〇分から一時間ほどの距離なら「歩けば」という発想をすぐに持ってしまう。

中学時代の軍事教練の時にインプットされたのだと思うが、歩く時は足速に時速六キロで、いわゆる六キロ行軍であった。健康改善と維持のためにもだらだら歩くのは意味がないだろうから今でも足速に歩いてしまう。

歩くことはバランス感覚をたえず忘れることなく行動できるというわざを維持できるという利点がある。「歩く姿は百合の花」の教えを忘れずに姿勢良く真っ直ぐ歩くことがかっこいいと思うが、最近の若者は足音が大きいということを誰かが何かに書いていた。たしかに山中でもどたどたとやってくるのは若者で、中高年は静かに歩いている。

北見の冬は毎日が氷上の行であって油断できない。最初の年はなんとか転ばずにすんだが、三年目にはみごとに路上で転んでしまった。その日はいつもと違ってある会合があるために、デイパックではなく鞄を手に持っていたため、両手をあけていなかったのが原因であった。北海道の友人は私に「ちょこちょこ歩くことです」と歩き方を教えてくれる。歩き方だけではなく靴の構造も大切で、堅い靴底は危険で比較的柔らかい材質がいい。また、スパイクがあるもの、ライジアルタイヤ構造の靴底のものなどいろいろと販売されている。

一九九八年の冬に、北見生まれで北見育ちの友人が転倒して入院したので一層に危険を感じたのである。北海道の街の特徴は、各戸ごとに車が出しやすいように歩道を削っているため危険度が高く、車椅子などまず通行できない。

野外で歩くということは、さまざまな危険が伴うものであるから、対応することが必要である。昔から「足下をしっかりと」という教訓は、いろいろな意味を持っているだろう。野外ではサンダルや靴の後ろを踏むような履き方が危険であることは言うまでもない。特に野外で子どもたちをサポートするような時には指導者は一〇〇メートルを全力疾走できるような靴が必要だし、両手をあけていることも大切である。

京都に住んでいると修学旅行生の団体によく出会うが、引率の先生が踵の高い靴を履き、両手にバッグやお土産袋をもって生徒と共に歩いている風景を見ると、自分の立場を理解していないようだ。子どもを抱えて走ることもあるのですよと言いたくなる。

私がある女子短大でアウトドアの講義を教えていた頃、信楽高原鉄道の正面衝突事故が起こった。その時の救出現場をテレビ映像で見ていた学生のレポートには、「私は旅に出る時はしっかりした靴を履き長ズボンを履きます」とあったが、救出現場の状況は特に女性の姿が無惨であった。日本的発想では旅行はハレの姿で、それは旅の姿ではないという大きな問題がある。

なぜか阪神・淡路大震災のような災害は自分とは関係がないということなのか、「覚悟」とか「備える」という意識が低い。日ごろしっかり歩いていると、いろいろと危険意識とその対応が身につくのだと思う。車社会にどっぷり漬かってしまうと動物的感覚と行動を忘れてしまうという恐ろしいことになる。特に子どもたちを車社会の犠牲にしてほしくない。北海道の北見では早朝に中高年がウォーキングや犬の散歩をしていても、日中は商店街以外は歩く人をほとんど見かけないので、北海道は車社会まっただなかであるといえる。

11—3　山に登ろう

あなたは「山に登ってみたいと思いませんか」。もし、思わないのなら日常の生活のあり方を考え直した方がいいと思う。もちろん、いまは健康でないから、忙しいからなどの理由はあると思うが、山に登ろうというのは登山の趣味があるなしの問題ではなく、人間の内なる動物的なものだと考える。

かつて人間は高みがあればそれに登って外敵の侵入を見張ったり、食料となる動物の群れを探すこともあっただろう。たとえ丘の上でも、うろうろと周囲を見晴らすことは、快適で気分が爽快になることも事実であろう。壇は人工的な高みでもあり、壇のつく山は雨乞いの場であり、祭りの場でもあり、各地に存在する。

日本の山では、その山頂まで本来は平地の生活者である蝶の一種であるキアゲハ*が上ってきているのに出合うことがあるが、なぜだろうか。樹林帯のチョウが霧に追われるように山頂に上ってくる現象もときどき観察する。

チョウはともかくとして、人間もある種の蓄積があると山に登ってみたいと考えるようになる。登山家という人種はなぜか常に山への憧れを持っているが、この憧れは一体なんだろうかと考える。マニアックな世界に入った人々であることは理解できるが、何か独特なものを追求している人々である。それは何かについて考えるのだが明解な答えが出てこない。

*キアゲハ

中国の秦嶺山脈の太白山[*]に登った時に、登山者は道教における仙人のようなものではないかと考えた。登山道の途中にある堂観（お寺）では修行をしている仙人に出会い、その仙人は何か山登りの人々との共通点があった。この太白山は道教の修行の山であり、金毛猴とかパンダの生息するところでもある。李白の「登太白山」の詩も有名で酒を飲みながら登ったらしい。仙人がいたあたりは、中国の険峻な水墨画に現われる岩塔の世界であった。

登山はある種の修行であると考えるといろいろと納得できるのである。

＊中国・太白山の岩峰

11―4　異文化のなかへ

海外登山という行動のなかで、私は異文化というものの理解と対応について悩み考えてきた。異文化は理解するものではなく、そのなかにどっぷり浸かっていればいいものだと思うが、長い時間のなかで培ってきた文化の違いというものの理解がそう簡単なものではない。たとえ理解できたとしてもそれは妥協であり、まやかしでしかないだろう。

一九八九年の中国新疆省コングール登山の時も、中国連絡官の王先生とは登山行動についての考え方の違いでいろいろと論議をした。その論議はお互いにつたない英語であったために常に迷路に入り込むが、結論がうまく出ないことは幸せだったのだろう。王先生の頭のなかには、私たち登攀隊員九名全員が頂上に立つという作戦はなく、王先生が知っている極地法で、数名の隊員を頂上に送り、残りの者は支援隊員にということになる。しかし、私たちは何とか九名全員の登頂を果たすことができた。

学生の野生動物との共生についてのレポートに、「人間同士でも啀《いが》み合っているのに、動物との共生などできるはずがない」というのがあったが、一理あるものだと感心した。サイパンの戦跡地の碑文に「同じ神の子でありながら……」というのがあったが、同じ神であってもその信仰の道が違えば啀み合うことになる。

異文化と異宗教は人間の生活の場とあり方を混乱に陥れ、危険な空間を作ることになる。一九九七年一一月のエジプトのルクソールでのイスラム過激派による観光客乱射事件もその一つである。この事件は宗教と政治の混沌のなかで発生したもので巻添えを食った人々は迷惑なことであった。一九九八年はサッカーW杯で世界中が湧いたが、クロワチアとセルビアの対立の話もテレビで取り上げられていた。インドとパキスタンも宗教と国境問題がその対立の原因の大部分を占めている。

国際とか国際人という言葉が一時期流行した。英語が話せる、海外生活の体験があるなどが国際人のステータスであったが、今日では国際人の意味もようやく理解されてきた。在日期間が長いイーデス・ハンソンさんは国際人の条件として「想像力＝イマジネーション」をあげて、「私があの人の立場やったら」という言葉で説明している。

国際人の条件の一つに「批判性がある」というのを提言した人があった。このことは物事に対して常に第三者の立場で考えることができるということであろう。異文化に対しての批判ではなく、自己の偏向した考えを軌道修正できる批判性ということになるだろう。

国際人の条件の一つに、「異文化の中で共通の部分を見る」ことができる人というのがあるだろう。そのような人は根っからのコスモポリタンであろうか。

今後は異文化に対しての理解だけではなく、異文化との共生の時代であり、外国人労働者との「共老：共に老いる（毎日新聞・社説、一九九二・〇八・〇四）」の時代でもあろう。「私たちは伝統的生活を回復したい。そして、違う文化を認め合い、日本人と共生したい」（京都新聞、一九九三〇一二八、アイヌ民族の人権認めて、チカップ美恵子）とあるように、この「違う文化を認め合う」ことが国際人の条件であり、異文化理解の基本であろう。

12　環境を考える

12―1　複雑系の博物学

現代、環境を捉える一つの方法としては、人間を取り巻く諸現象やものを考えるが、むしろ人間を包含した「複雑系としての自然」を環境と考えるべきであろう。今西錦司の「自然学」では、野外においての執拗な観察と行動の中で「どのようにして、なぜ」を先取りしているということである。言い換えれば行動の中ではすでにある種の結論的理論が形成されているのではないかと思われる。これは通常、類推＝analogy と呼ばれるものであるが、それを遥かに越えたものが得られるのが、自然の中での執拗な観察眼と博物学的思考であろう。「なにが、どこで、どのようにして、なぜ」から、さらに進展するとすれば、「……では、そのシステムは」というフレーズが追加されるだろう。この「……では、そのシステムは」というのがこれからの環境教育の先端部分であろう。

いわゆる博物学的思考からの学問としての形成を「複雑系の博物学」という領域で確立し、従来の生態系、環境などの領域を再考したいと思う。今西錦司は自分を生態学者とか社会学者とは考えていなかったことは事実で、私とのある時の会話の中では「ナチュラリスト」であると話された。そのとき幸せにも私もその仲間に入れていただいたのである。その時の先生の言葉は「僕も君もナチュラリストだからな」であった。

さて、複雑系（complex system）の概念であるが、人それぞれにそれは異なり、また、学問分野でも異なるところがおもしろい。この複雑系の思考こそ今西学の「科学でだめなら哲学で」という思考であると気づいた。さらに、複雑系の理解を可能にしてくれたのは田中・坪井の*『複雑系の選択』（一九九七）で、「経済学者たちが経験的事実にあまりにも無頓着であるという点を批判した。政治的動機、大衆心理、そういうものをどう扱うのか、経済学者はこれまでに社会学者、心理学者、人類学者などに意見を請うたことがあるのか」という一文であった。複雑という日本語は「ややこしい」という意味であるが、突き詰めていけばこの言葉は先の見えない解明しなければならない構造であろう。自然は私たちにとっては先の見えない、未知というすばらしく、解明したい構造である。

＊田中三彦・坪井賢一『複雑系の選択』ダイヤモンド社　一九九七

総合研究とか共同研究はお題目だけであって、たいていはおざなりの分担と分業で終わってしまうが、これからはアメリカの「複雑さの科学」の先駆的研究集団のサンタフェ研究所のようなシステムが必要で、数学者や社会学者と経済学者、それに一般大衆が徹底的に討論することのできる場があってもいいだろう。

12—2　環境を考える

「環境」という言葉も人類は少々使いすぎでくたびれた語彙になってしまった。昔は

「環境が悪い」「環境が悪くなった」などと人間本位で気楽に使っていたが、どうも最近ではそう気軽に使えなくなった。「環境が悪い」と言えば、「おまえがいるからだ」と言われそうであるし、「環境が悪くなった」と言えば、「人間が絶滅すれば良くなる」と言う答えが返ってきそうである。また、「環境ホルモン」といった奇妙な言葉も現われ、ホルモンだから良いものかと思ったらとんでもない悪者であった。

最近、「環境教育」とか「環境学習」というのがやたらと増えてきたのも気になる。「環境教育」とか「環境学習」というのは一体何であろうかということを考えることも必要ではないだろうか。

生態学では環境という言葉を、生物環境(Biotic environment)と非生物環境（Abiotic environment）に分けている。主体的環境と客体的環境の概念も重要で、生物主体の反応を通じての環境理解と測定可能な数値と認識可能な捉えである。ある温度条件はA、B二者にとっては同じではなく、違った行動をとり、主体的環境は全く異なる。

作用と反作用の両作用の上に成り立つものが相互作用で、競争、協同などかなり人間的に見ているものがある。例えば、相利作用など花と昆虫、小鳥と種子植物の関係などである。高等学校のテキストにフジナマコとその肛門にかくれるカクレウオの編利作用といったものがあったが、どこまでが真実なのかおもしろいと思う。

先の『複雑系の選択』には、線形と非線形について述べられているが、その非線形性(non-linearity）の例に「エコシステムは、そこに棲息する個々の生物の振る舞いをたがいに切り離して論じ、あとからゆっくりそれらを足し合わせるということのできない

――つまり、重ね合わせの原理が適応できない――非線形的なシステムである」とする。

ともかく、私たちが今まで考えていた環境という空間も、重ね合わせの原理で考えられる線形的でなく、複雑適応系（complex adaptive system）であることは明白で、さまざまなエージェント（agents）がマイケル・W・フォックス*のいう「あやなす全体」（一九八二）を構築している。

環境についても線形的に考えることが普通でもあるが、森のなかで「あなたの足の下にはどれほどの生物がいると思いますか」といった思考は存在している。しかし、それは想像的であり真実性が乏しい。勿論それは量的に計測できるが、内部のネットワークの詳細まではそう簡単に行き着くことはできない。

私は新潟県長岡市の悠久山のサギコロニーのなかで、骨を齧るコブスジコガネ属の昆虫調査を行ったことがあるが、サギコロニーの森のなかに実に緻密なネットワークが存在することを知った。それに加えて物質とエネルギーの供給はサギ類により外部空間から持ち運ばれてくるためか、森のなかはエネルギー循環が悪く中断が始まり、汚染という現象が始まる。下草の枯死から高木への枯死が波及し、いずれサギ類は移住をするのではないだろうか。

このことからも環境は複雑適応系であることは良く理解できるが、どうしても三次元のグラフィックで表現しようとする。私には良く分からないが、やはりジョン・ホランド*のECHOワールドの発想やスチュアート・カウフマン*のNKモデルが混沌とした世

*マイケル・W・フォックス 『アースマインド』 新妻昭夫・笹川平子訳 賢省堂 一九八二

*ジョン・ホランド アメリカのサンタフェ研究所の経済学者。

*スチュアート・カフマン サンタフェ研究所の生物化学者。

界のなかに、ある種の秩序を求める術であろうか。

結論として少しかじったほどの複雑系の学習では、自然とか環境は「重ね合わせの原理が適応できないもの」ということが理解できた程度であった。

12―3　共生とは?

一九九七年の秋からオホーツク海の見渡せる網走*・原生牧場で、放牧家畜の糞処理に関与するコガネムシの観察をやっているが、次第に先の見えない世界が認識されていく。

牧場という比較的単純な空間も結構分からないことが次々に出てくるからおもしろいのである。たとえば、カラスがやってきて馬糞をさかんに突いて何かを食べている?ようであるが良く分からない。ちょうどその頃にアフリカのシロサイの糞の中のフン虫の幼虫を長い嘴のハダタトキという鳥が食っているのをテレビ映像で見たが、それが原生牧場のカラスと重なった。

また、一つの馬糞塊に一〇〇匹を越えるマグソコガネが蠢《うごめ》いている様は、同行した人の中には顔を引きつらせた人もいたほどであった。この過密さは意味のある構造なのか良く分からないが、一つの研究テーマであることも確かである。私たちが構築している街もこのような集合の構造が幾つかあるだろう。しかし、この過密さが一個の糞塊をほとんど繊維だけに分解してしまうため、牧場の清浄化に役立っているのである。

一つの馬糞塊のエネルギーの収支を調査すればおもしろいと思うがまだ手を付けていない。

*網走・原生牧場

一九九八年五月に知床の真鯉というところで鹿糞の調査をやったが、ころころの球状糞＝冬糞しかなく、フン虫が発見できた糞は全体の数％しかなかった。わずかであるが、オオマグソコガネ、＊マルツヤマグソコガネ、マエカドコエンマコガネの三種が確認できた。

また、同年五月二四日、網走営林局主催の「森とあそぼin美幌」に参加した。まず、私とほぼ同年齢のエゾマツ林に入った。それらは逞しく大きく育っていた。一九二九年に植えたというドイツトウヒの森にはエゾハルゼミらしい抜け殻がいっぱいあったし、林道の各所にアカマダラ、サカハチ、ミヤマセセリ、エゾスジグロが飛んでいた。新宮林道ではストローブという得体の不明な樹木を見たが、この材は白いから卒塔婆に使えると言うが、高齢者の多い観察会ではブラックユーモアであった。

林道からの枝線の入り口あたりには鹿の足跡も多かったし、ヒグマもいるらしい。鹿道にはダニが多いなどの学習もできた。

なんといってもプログラムの終わりの＊美幌峠牧場の見学は圧巻であった。山稜のカンバの立ち枯れは無気味な風景であったが、ここからの屈斜路湖の展望は北海道の人もあまり知らないものだと言う。

この牧場は鹿牧場の別名があるように鹿がその広大な斜面を欲しいままに走り回っていた。牛は囲われ不自由そうであったが、エゾシカの群れは白いお尻を見せ、自由に走っていたのは感動的風景で、「共生?」という概念の一部を見たと思った。時にヒグマも現われるというからロマンがある。もちろん、この共生の風景は人間にとっては好まし

＊マルツヤマグソコガネ

＊美幌峠牧場

くない風景であろう。一つの論理として、「人間にとって好ましくない風景、それが共生の風景」ということになるだろう。すでに北海道各地の農家では共生を諦めて、一メートルについて一万円ほどの立派な金網で農地を囲い始めているし、北海道の計画では数万頭の鹿を捕殺するという。これは農家にとっては好ましいことであるが、私たち外来者にとっては異常な風景で、そこには共生という甘美なものはない。屋久島でもタンカン、ポンカンを栽培している農家は柵で囲ってサルの被害を食い止めているが、これも一つの共生のあり方だろう。

「シカ牧場」はニュージーランドの南島の各所で見たが、北海道ではあまり見ることがないが、鹿肉の経済的な利用について考えるべきではなかろうか。

この日、美幌の街近くの「ハルニレの巨木」を見るために遠回りした。道路脇にその巨木はたった一本で立っていた。畑の側は一段低くなっているため根も切れているというし、五人が手を繋いでやっとの太い幹にも切り倒そうとした幾つかの過去の鋸目が残されていた。このあたりには、このような巨木が何本もあったのだろうと推定されている。北海道の原始を話してくれる樹木があるというのはすばらしいことである。

一九九八年五月二五日の北海道新聞に小さな「クマ出没、一頭射殺」という記事があった。美唄市と三笠市の境界付近、ブドウ畑に現われ、ゴミ箱を漁っていたためハンターに射殺された。この事実もこれからも人間とヒグマとは共生できないことを物語っている。

ヒグマの射殺は、射殺という言葉でなく有害駆除で、売春を援助交際と言っているの

＊ハルニレの巨木（美幌町字豊富）

と同様で、繕いと甘えの官庁・マスコミ用語である。有害駆除では殺されたヒグマもやりきれないだろうし、人間の横暴でしかなく共生の論理はない。だが、ヒグマは危険であることは間違いなく、その危険度は年々人間によって育まれ、その度合いは高まっている。

NHKTVで放映された「知床クマ」によると、一九五五年から一九九六年までにヒグマに四〇人が殺され、ヒグマが一〇六七三頭殺されている。また別のデータでは殺されたヒグマは一九九一年二六七頭、一九九二年二二二頭、一九九三年二八七頭であるというが、このままでは絶滅の日も近いのではないだろうか。クマの縫いぐるみへの愛はあっても本当のクマのことへの関心がなく、また知らされていないのが現状である。「知床クマ」では番組の終わりに「脱『人間勝手』への第一歩」という言葉を使ったのが印象的であった。

先に「自然」のところで少し触れたが、北海道では散弾銃の鉛弾が水鳥とオジロワシ、オオワシにかなりの被害を与えていることが報じられている。もともと湖沼の沿岸部には生息していなかった水鳥は給餌によって沿岸部にやってきて鉛弾を飲み込み飛び立てなくなったり死に至る。*ワシ類は鉛弾で倒されたエゾシカの肉を食べ、体内に鉛弾を取り込み死に至る。この死の連鎖は早急に断ち切らねばならないが、日本人の意識は生態学とか博物学的思考に乏しく、非文化的であるため放置される。しかし、サロマ湖では天然記念物の白鳥を食べたキタキツネが殺されるという理解できない事件もある。このことは人間が生き物世界を支配しているという思い上がりがあからさまである。

*ハンターの鉛弾使用により多くのワシ・タカ類が中毒死している

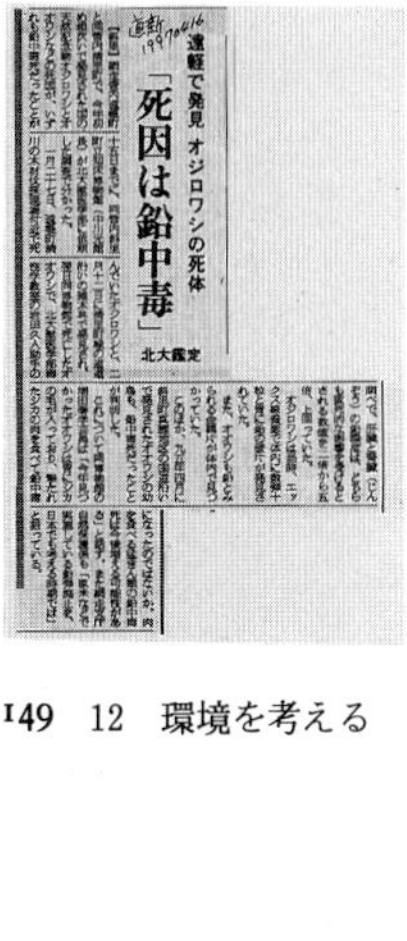

一方では環境学習だ、環境教育だと言っていても、実践と行動が伴わない空念仏にすぎない。日本の教育施設や環境は整っているが、内容はマニュアル化と知識偏重で、その本質は実に貧弱であるのも実生活との分離があるからである。

共生について考えてみると、まず一つは言葉として内容の理解のないままに使われていること、すなわち概念が明確でない場合である。次に二一世紀へのメッセージとして便宜的に修飾語として使われている。また、反省の意味を込め再認識のために使われている。

自然との共生、他の生命体との共生がいかに困難であるかについては、あまり論じられることがないのも一つの現代的な特徴である。現代、言葉としての共生は神話であろう。

神話とは現代にも共通し、機能している概念であるとみるのが正しいと考える。昔、神話は単なる非合理なものでサイエンスではなかったが、現代では再考すべき物語性があるとしなければならない。生物たちが幸せに生活できる環境こそが、人間も幸せに生活できる環境であるという論理が二一世紀的論理である。

12—4　環境学習

人間を取り巻くさまざまなものはどうなっているのか、人間がいかに環境を汚染しているか、ではどうすればいいのかというのが環境学習であった。しかし、何かが足りないと言う気がしてならないため、その足りないものについて少し考えたい。

一九九七年に日本野外教育学会が設立され、一九九八年六月に第一回の大会が開催され、「野外教育の体系化、官民学の連携を考える」というシンポジウムも行なわれた。そのなかで野外教育とはなにか、野外教育は必要かといった根本的なことも論議されていた。私はその時に考えたのは、もしも、京都でこのような環境学習といったことを考えていたら、野外学習・環境学習・生活学習などのキーワーズで区分していたと思う。幸いにも北海道というところで物事を考えることができたため、野外学習・環境学習・生活学習の三つを区分することなしに考えることになった。何度も書いているように、生活周辺というか、町にキタキツネやヒグマが出没し、それが殺されているという事実のなかでは野外、環境、生活学習は一つのものとなる。シンポジウムで討議している人々も、単なる美しいテキスト的な発想しかない内容で話していた。日本列島というそう広くないところでの部分からの発想しかないことが分かった。

一般の発表のなかで、稲垣良介・城後豊の「地域河川を利用した教材化に関する実践的研究」——地域環境の実情に応じた「着衣泳」の学習計画の作成——は地域の問題として興味深いものがあった。安全とか救護についてもテキストでは理解できないものである。河川では川底の石が苔などで滑りやすい、プールでの「着衣泳」の学習では単に遊びになるなどの貴重な意見もあった。阪神・淡路大震災という偉大なテキストを無視した環境・野外教育はありえないことを再確認したい。

人間はそれぞれの時代に、科学の進歩と意識の発達が環境への想いを変えてきた。熱帯雨林はある時代から無価値の時代になり、パルプ需要による伐採、ゴム畑や茶畑への変化の時代となり、今日ではその価値の再認識の時代となった。しかし、そのような知的想いの中にあっても、開発や公共事業の名のもとに、自然破壊が執拗にすすめられている事実も多い。このことは環境教育の障壁となっていることも事実であるが、環境学習を進めようというエネルギーとなっていることも認めなくてはならない。

結論から述べるとすれば、今日の環境学習に欠落しているものは、まず一つに「それぞれの分をわきまえる」ためのシステムだと考える。この「それぞれの分」については沢田充茂*が「多様性のなかでそれぞれが分を守っている世界がいちばん住み易い世界かもしれない」(一九九七)としている。自然保護という言葉は開発や破壊後の償いとしての詭弁であって、最初にその分をわきまえる手だてとシステムがなければならない。このことは「それぞれの分」を守ることが野生生物に関与しないことであるという原則があることを再認識しなければならない。

排気ガス→温暖化、フロン→オゾン層破壊という短絡的発想は、実に線形で危険な思考であることはいうまでもないが、図式化が単純理解への道ではあるが、図式化できないのが環境であり、自然である。エルトン*の生態系のピラミッドも古典的な概念であると思うがどうであろう。

それぞれの「分」を知るためには、複雑系の博物学的発想が一つの解決策であると考えた。それは、環境をもう一度線形から非線形の発想で考え直すことから始めなくてはならない。もともと、環境については自然を見る目と同様に、「網の目のような構造」という認識はあったが、先に述べた「重ね合わせの原理が適応できないもの」という認

***沢田充茂**　『哲学の風景』講談社　一九九七

***エルトン**　イギリスの動物生態学者。生態系の説明にピラミッド構造を考え、底辺部は植物、その上部には昆虫、小・中・大型動物があるとしている。

識はなかったと考える。したがって、これまでとは違った目で自然とか環境を見なければならないが、それはやはり生き物たちがどこで何をしているかなど、それぞれの関わり合いを見極めることである。たとえば、アゲハチョウをカラタチで飼育すると蛹《さなぎ》からチョウではなく寄生蜂が出ることもあるが、これも一つの生き物の関わり合いである。さらに、第二次世界大戦後に動物行動学がもう一つの目として学問世界に入ってきた。アゲハチョウがなぜ飛ぶかというあたりから考え直すことでもあった。もちろん、ファーブルもいろいろと考えていたことではあるが、今世紀になってやっと学問としての価値が認められたことになる。そして、動物行動学は線形から非線形の道を暗示し始めたのである。それは、目にみえない自然の節目＝ノードとコネクター、そして、流れている物質をコンピュータ上に落とし始めた。たとえば、京都の糺の森でのハシブトガラスとハシボソガラスのなわばりと行動や鴨川でのコサギのなわばりなども非線形的に研究されている。

それらのレポートには自分の「分」が次第に明確に示され、将来の予感＝予察 presentiment のシュミレーションが現われる。最近流行の複雑系の経済学も将来の予感のシュミレーションづくりではないだろうか。自分の分を取りすぎていることが分かっていても、企業や銀行はそれをコントロールする術を失って倒産してしまった。今までの経済学では世紀末の経済の破綻を予知できなかったのである。

欲が深い人間は自分の「分」をいかに多くしようとあくせくするため、自然界のメカニズムを無視した結果、自然から村八分にされかかっている。人間が自分の分を採り過ぎるために、自然界に伝染病のように自分の分の採り過ぎが蔓延して撹乱が起きている。たとえば、森林の破壊も人間の文化という偽りの所業の結果であり、原水爆実験も自分の分をいかに大きくするかの手段でしかない。

メイ・R・ベーレンバウム*の『昆虫大全』の最後の章に、「平等を期すために――昆虫から見れば」というのがあって、地球上の他のどの生命体よりも昆虫に大きな影響を与えてきたことについて述べている。「害虫と益虫」といった人間本意の区別や植林、農作物栽培、農薬の無差別使用は人間勝手主義である。害虫という表現は生物に対して失礼なことであって、共生、共存という論理に反するものである。

環境学習はたいていの場合、現状を後始末する方法論で終わっている場合が多いと考える。たとえばゴミ問題にしてもリサイクルの方法とか分別収集の類型といった末端の問題に終始している。あるクラブで再利用の方法としてのペットボトルロケットを作成することをやった時に、子どもに家庭のペットボトルの持参を呼びかけたが、ある家庭からは「うちではそんなものを飲んでいません」といった回答があった。

「企業がゴミを作り、便利さに生きる人間がゴミを購入している」構図からの脱出の方法論を環境学習の基本にしなければならない。

「読売新聞」（一九九八年九月六日）に竹内政明の「平成日本〝冬の旅〟」という記事が掲載されているのを読んだ。立原正秋の小説『冬の旅』の紹介があり、詩人の卵の少年が「詩人は冬に夏の野菜をたべないものです」という。私たち日本人はすべて詩人になる資格を放棄して生きているのである。

*メイ・R・ベーレンバウム『昆虫大全』小西正泰・監訳　白揚社　一九九八

環境教育の基本はもう一度詩人の資格を取り返す生き方を学習することであると考える。

環境学習の新しい方法論として、教える、考えさせるではなく、主体性をもって子どもたちが「立ち止まって、深く考える」ということを提唱したい。このことはシートンの自伝にもでてくるが、子どもの頃に大人たちからほったらかしにされたなかで、それぞれに対応を考えたという。それと、みんなが同じように捉えるのではなく、それぞれに好きなように捉えるあり方が「個」を育てると考える。残念ながら今日の学校などの子ども集団のなかでは「個」の主張はいじめの餌食である。そのような環境改善から環境教育も始めなければならない。そのためにはみんな仲良く、同じ方向を向くことの危険さを教育者が再認識することであろう。

環境教育の基本は、これまでにたびたび述べてきた「あたりまえのことをきっちりする」「普通のものを大切にする」ことであると考える。

13　危険との対応

13―1　危険という情報

自然のなかではさまざまな危険があるが、そのほとんどは人間の側というか、自己の持つ危険とか、人間の行為にて発生するものである。たとえば野外に出かける時は健康であるべきだが、病気、負傷、ストレス、不安定、精神上の問題などがある。野外へ出かける目的がストレス解消とか健康改善などの場合もあるだろうが、一般的には健康で、安定した状態で出かけるのが好ましい。しかし、自己のもつ危険の情報は自分にも良く分からないことが多い。日頃から防衛体力と防衛能力をつけるための工夫と努力が必要である。

寝不足、栄養不足、過労の状態で野外に出かけるのは危険であることはいうまでもないが、無理のきく年齢は特に注意しなければならない。子どもが虫垂炎の手術後、一週間経たないのにキャンプに参加してきた例もあって驚いたことがある。

中高年は自分の健康状態の把握がほぼできているためあまり心配はないが、病状の進行を意識していない場合は心配である。

国内の登山や海外でのトレッキングが中高年世代で人気があるが、これらには三タイプがある。一つは昔から続けてやっている者、昔はやっていたが中断していた者、定年後に始めた者である。昔から続けてやっている者はまず問題はないが、昔はやっていたが中断していた者は、昔の思いがあるため危険の要素を持っている。定年後に始めた者は適当な指導者や山岳会に所属すれば問題はない。山岳会に入らずに仲間だけでやっていると、基本的なマナー、技術や習慣を身につけることができないので危険でもある。特に最近はウエアや装備が発達したために、私たちが昔から苦労をした部分が見えないことになる。それは靴の選択方法、靴下のはき方であり、ウエアの着方などである。

私たちは山頂に着いた時や昼食時にビールなどで乾杯をする習慣はなかったが、中高年登山者グループではけっこう流行している。なかには良い御機嫌で足下が危ないのではと心配な者もいる。登山は登る時よりも下山時の方が危険であるという基本が分かっていないのである。一歩家を出れば生活は「脱日常」であるから、列車に乗ればビールだ酒だということになり楽しくなる者も日本人には多い。毎週一回湖西線で加賀の短大に通っていた頃、特急雷鳥は朝から宴会列車で楽しかったが、高年の女性グループの高い声のにぎやかさは地獄であった。

アウトドアでの行動に限らないが、自己管理ということが自然のなかでは厳しく要求されると考える。昔から自然は厳しいといわれるが、それはグループ行動であってもそれぞれの個への違った厳しさである。グループでの対応には限りがあり、行き着くところは自己管理が必要になってくる。自然のなかで「個」を育むことができるのも自己管理という厳しさがあるからであろう。

いかに、自分への危険の情報を読み取るかが大切なことで、何らかのバロメーターがあってもいいだろう。通勤の範囲内の駅舎の階段を息を切らさずに上れますか、いつもの散歩のコースの丘に登るときはどうですか、など体調のシグナルを受け取ることはいつでもできるだろう。

13―2　天気の変化とその対応

人類はまだ気象の変化をコントロールできないでいるが、逆に天候を狂わすような行為だけはかなりあって問題になっている。

天気の変化の情報は、最近では気象衛星によってかなり正確度を増しているので、情報収集の方法によっては局所的な変化も知ることができる。一九九七年夏に京都北山でインターハイの登山部門を行ったが、山中行動中も本部から刻々と雷雲などの接近を無線で送ってきたのには感心した。しかも、その予報がしっかり的中するのであった。

野外で雨の日は停滞するか、少しの雨なら雨具を着けて「雨の日にしか見えないものを探しに行こう」ということになる。雨あとの子どもたちとの遊びを考えるのも楽しいだろう。木曽薮原での子どものキャンプでは、雨上がりに笹船を造って小川に浮かべて遊んだが、子どもたちにとっては初めてらしく、みんな一時間ほど熱中していたことを思い出す。その時本当に瑠璃色のオオルリ*の飛ぶのを見て感動した。

雨では恐ろしい体験もある。屋久島の宮浦川に沿う登山路を下っている時に、激流に

＊**オオルリ**　ヒタキ科。オスは瑠璃色、メスは暗緑褐色、日本へは夏鳥として渡来し繁殖する。

掛けられた木の橋を渡っている時、ちょうど真ん中で滑って直立したまま三六〇度回って進行したのだった。同行していた蛾の専門の井上宗二先生も「もうだめかと思った」と言っていた。その頃私は今ではまず見られない鋲靴（ナーゲル）を履いていたので、雨に濡れた木の橋の上では滑るのが当然である。やはり昔の人のようにわらじか地下足袋が雨の多い屋久島にはふさわしかったのであった。その頃は、ナイロン素材のゴム底の軽登山靴が流行し始めていた。

　京都北山でのインターハイでは、久しぶりに地下足袋とわらじの組み合わせで京都大学演習林での澤登りをやったが快適であった。昔から、京都北山を歩く者は地下足袋があたりまえで、京都の高校生がどこかの山の大会で登山靴で登っていた時、「京都でも登山靴を履くのですか」と言われたという。

　もう一つ恐ろしい体験がある。それは一九六七年の七月で、朝から晴れていたので数名の仲間と、北アルプスの＊徳本峠《とくごう》から稜線に沿って槍ヶ岳の見える槍見台まで出かけることになった。槍見台に着いた頃は、槍の方向の上部はまったく雲に覆われ何も見えなかった。徳本小屋の小松さんはトランシーバーで「早く帰ってこい」と言ってくるが、「晴れそうですから」とか言って昼食を食べていた。次第に険悪な天気になり始め、私たちは慌てて小屋への道を引き返すことになった。この大滝稜線は木が多く、雨はそうも感じなかったが、雷鳴が時に私たちを襲う。しかも、樹間に青い火が走り出したときはただ小屋に行き着くことしか考えなかった。私たちが通過しているどれかの高い樹木に落雷すれば、私たちはその葉先から被雷していただろう。私はその日、大型カメラを

＊徳本峠付近からの山々

持っていたため、鉄の塊のような三脚を手に持っていたが、恐ろしくなって木の後ろに置き、手拭を枝につけ目印にした。

何とか小屋にたどり着いた時、雷鳴とともに直径一センチほどのヒョウが大きな音で屋根を叩いていた。小松さんは「馬鹿め！」といつものように私たちを叱責する。この小松さんの「馬鹿め！」は、山でのマナーやルールを常に厳しく教えてくれたのだった。

そして、この日、向かい側の西穂高稜線では恐ろしいことが起こっていたことを夜のラジオのニュースで知ったのだった。私が三脚を置いてきたこと、それを取りにまた登ったことなどがその夜の酒の肴になっていたが、ラジオを聞いてからは自然の厳しさを語ることになった。

私たちが大滝稜線で雷に遭遇していた頃に、西穂高小屋から西穂独標周辺で夏山登山をしていた長野県深志高等学校の一一名が被雷して死亡という惨事となった。

この日の朝、私と小松さんが穂高の見える峠の上から山を見ていたが、小松さんが「今日は午後から天気が悪くなるだろう」と言う。その時は晴れていたので気にもとめなかった。

雷を回避するにはプログラムでも可能で、発雷頻度の高い時刻には山小屋などに到着していることである。そのためには朝早くから行動することである。午前四時か五時にはヘッドランプをつけて出発し、少し歩いたところで朝食をとって昼頃には、山小屋付近で行動食をお茶でも沸かしてゆっくりとればいい。冬山では「午前三時の山」などといってアイゼンの利く間に登れば、岩石も凍り付いて落石もなく安全である。

子どもたちの夏期キャンプも、午前中にハイキングなどのアウトドアの活動を終え、午後には避難できる場所のある付近での活動をする。

一九六五年のカラコルム・ディラン峰でも、第三キャンプあたりで雪崩に遭遇しているが、その頃の登山は賭のようなもので当然雪崩が起こっても不思議でない斜面が登路に選ばれていた。たとえわずかであっても傾斜があれば雪崩は発生するのである。

私たちの一九八九年のウイグル自治区コングール登山の時に、イギリスからコングールの雪崩を見るツアーがやってきたのには驚いた。私たちのベースキャンプ*のすぐ下部で男女、一〇数名がキャンプをしていた。この付近はある年など放牧されているヤクが七〇頭ほど雪崩で死んだというのにのんきなツアーである。この時も、対岸の斜面での雪崩の爆風で、私たちのテントの中で一番風化していたのが引き裂かれてしまった。

この年の私たちのルートは稜線に沿っていたが、上部大雪原では非常に危険であった。一九八一年に私たちは三人の仲間を失っているが、多分大雪原での雪崩ではなかろうかと推測する。

厳しい登山だけが雪崩に遭遇するのではなく、一九九五年には山岳トレッキング・ツアーグループが遭難している。一一月一〇日、エベレスト山群のゴーキョ山麓などで雪崩が発生した。一三人が遭難し、五〇〜六〇代がほとんどであった。さらに西方のカンチェンジュンガ山系の麓で六〇代二名、四〇代一名が死亡、六名が救出、さらにムスタン地区も含めてフランス、イギリス、ドイツ、カナダ、シェルパの五〇名以上が犠牲になっている。

*中国・コングール峰登山ベースキャンプ

13—3　人間関係

なぜ昔はいじめが少なかったのだろうかということについて考えてみる。一つは子ども社会の構造がしっかりしていたからであろう。子どものタテ社会の構造では、いじめは本来発生しないが、体育会系ではしごきという少し違ったいじめの発生がある。これは日本の場合はクラブがヨコ構造ではなくタテ構造であるからである。

もう一つは「個」に対しての指導があったと思う。偏差値で順位をつける世界ではなく、それぞれの出番とか持ち味のようなものが大切にされていた。このことはトンプソン・シートンが言うように青少年の野外活動の指導には「個」を大切にした方法が原点だと思う。競争ではなく、それぞれがどれほどの力量を持つかを認識できるような方法であった。賞も一位、二位ではなく、何メートル泳げましたというように与えられる。

いつの間にかいわゆる主要教科による順位とか、業者テストによる順位などが子どもたちの心を蝕んでいった。そして「あなたは何ができますか」というもっとも大切な部分が忘れられていった。そのためか今の学生も大学を卒業すれば就職ができ、社会人としてやっていけるという甘えの構造のなかで生きている。そんな学生に「あなたは何ができますか、何を学んできましたか」と質問をすると怪訝な顔をする。

しかし、いま、学生の間では自然観察指導員、キャンプ協会指導員などの講習を受けて活用している者が増加してきたのも、「何かをやろう」とする現われかもしれない。

野外での活動のなかでは人間関係の障壁があるが、リーダーとか指導者の力量で調整が可能である。一九七七年のK2登山隊参加者には「何かテーマを持とう」と呼びかけた。植物のスケッチをテーマにしたものはキャラバン途中でスケッチをやっていたし、歯科医はポーターたちの歯の研究をやっていた。

私の一九七七年のK2登山のテーマは登山隊の「チームワーク」であった。その時には現地でいろいろな調査をやったが、厳しい登山行動のなかでは回収率が悪く良い結果は出なかった。このようなことを考えることになった動機は、川喜田二郎の『パーティー学』と中根千枝*の『タテ社会の人間関係』、西堀栄三郎の『南極越冬記』などを読んだことである。

川喜田二郎の『パーティー学』は今西錦司同様に、山を歩くことによって、探検登山から学習されたものであることは間違いない。川喜田二郎は知的生活、知的活動の「発想法」、著名な「KJ法」などについて一つの方法論を完成させているから、ある意味では「知的登山」の元祖であるといえよう。

今西、西掘、川喜田、中根はいずれも西洋合理主義の旗手であるともいえるし、ニュー・アイデアの創造主であるともいえる。私がこれらの先輩から影響を受けたとしても、それ以上のものをつくることは難しい。

私は川喜田の影響でチームワークは技術的なものも半分はあると考えて、一九七七年のK2登山隊に参加してデーターを収集した。その内容はまず最初に矢田部ギルフォード検査を行い、次に登山期間中の自己の変化を記述してもらうアンケートを各隊員に依頼した。しかし、結果は無惨で地獄の登はんの中でそのようなアンケートに答えてはく

*中根千枝『タテ社会の人間関係』現代新書　中央公論社

れなかった。だが、答えてくれた少数の者は何らかの意味で「優れた登山家」であった。

一九七二年に私は「エコロジカル・パーティー序論」を発表している。これは条件の悪い中にあってはチームの中の弱いところに「しわよせ」が起こることを指摘した。その「しわよせ」をできるだけ早期に発見し、解消するのがチームのリーダーの仕事であると言った「しわよせ理論」を述べた。学校などで「いじめ」が起こるのも、この「しわよせ現象」であるから、教師はそれをいかに早期に発見するかであろう。

私が三ヵ月余りの登山で知ったチームワークは決して技術的なものではなく、むしろ「仏教哲学的」なものであった。この日、私は科学、哲学、宗教といったものが決して異なった次元のものではなく、今西錦司のいう「科学でだめなら哲学で」という真意を知ったのである。

私は「登山におけるチームワーク」(一九七九)の中で、千坂正郎の「山の友だち」の「山の友だちつきあいは、淡々として水のごとき君子の交わりと思っている」というのを引用している。このことは登山のチームワークというものがかなり複雑というか単純なものでないことを示唆していると読んだからである。

たとえば、川喜田二郎は「目標の明確であるべきこと、隊は共通の目標が全隊員に明確に把握されていること」としているが、「K2に登る」ことが共通の目標であっても、チームワークを完全にすることはできないといえよう。各自別のレベルで捕らえている登り方までを、個人の意識の差までも均一化することはできない。個人の意識を均一化することは決して登山にプラスにならないことも確かである。

このことは川喜田のいう「隊員の個性・特技を最大限に活かす。隊員間のタレントの自由競争を妨げない」チームワークの基本でもあろう。野外活動や教育においてもこの基本原則が忘れられておかしくなっているのが現代である。現代の教育では、むりに同じ方向に向けさせようとするのが間違いであることが分かっていない。

私の結論は二つあって、その一つは「チームワークは技術ではなく、集団をつくる者の〈個人のあり方〉である」、もう一つは「チームワークというのは何も特別のことではなく〈人間のあり方〉というところに帰着する」とした。そして、最終的に道徳論として「登山という悪条件の中にあっては、いわゆる〈おもいやり〉のある人間性を失わないことが登山者には要求される」とした。

この「パーテイー論」から学習したことは、学問の壁とかジャンルといったものを一切無視することに始まって新しい発想は生まれるということであった。

したがって、知的登山も個々の学問とかジャンルといったものを無視したところから始める「アナーキー」というか、生命の飛躍なるものが必要ではないかと思う。

一九八九年のコングール登山の人間関係の基調となったものは「自己管理」というものであった。

13―4 危険な生き物

北海道に住んでいると、キタキツネ*やヒグマの気配が私に接近してくる。事実、斜里岳の麓ではニジマスをくわえたキタキツネにも出合っているし、各所で「人待ち狐」にも出合っている。キタキツネといえばやはり肝臓寄生のエキノコックス症感染の危険があることである。北海道で生活を始めて、北見市の広報にガン検診とともにエキノコックスの検診があることを知ってなぜか感動した。

一九九八年には「北海道新聞」には頻繁にヒグマ出没の記事が掲載され、時には射殺されていた。一九九八年六月二三日には大雪湖を二度泳ぎ渡ったヒグマの写真がカラーで掲載され湖畔でのキャンプを禁止していた。ヒグマが身近な生き物であることはロマンがあるが、恐ろしい世界を人間がつくってしまったのである。

北海道の山に入る時はベルを身につけるのが常識で、最悪の場合には鉈で鼻を切りつけるというが実際には不可能であろう。「人間を恐れぬ熊」の時代がやってきたということは本当に恐ろしい。一九九八年七月八日、「朝日新聞」は知床あたりに熊の出没が増加したことを報じ、いまだに熊に餌を与える観光客がいるとしている。

もし、ヒグマと遭遇したらにらみ合って持ち物を少しずつ投げながら後退するというが、できるだろうか。一度ヒグマが手にしたものはヒグマのものであるというから、取り戻したりするのは危険である。

一九七〇年七月、日高山系のカムイエクウチカウシ山で起こった福岡大学ワンダーフォー

*キタキツネ　北海道・十勝の「人待ち狐」

ゲル部の三名のヒグマによる遭難は悲痛なものがあった。そして、多くの教訓を残してくれた。*ヒグマは人間の持っている食物をねらってくる、ヒグマは人間を恐れない、食物があることが判かれば数人いても襲ってくる、逃げれば追っかけてくる、執拗である、一度クマの臭いの付いたものはクマのものである、などが学習できた。

ヒグマだけではなく本州のツキノワグマも同様に危険で、ある研究者がツキノワグマもヒグマに劣らず危険であることを話していたのを思い出す。野生の動物だけではなく放牧されている牛なども危険である。南西諸島の黒島で許可をもらって牧柵内に入っていたときも、通りがかりのマイクロバスの運転手さんから雄牛の危険について注意されたことがある。昔、長野県の菅平でフン虫を採集しているときに一群の馬に取り囲まれたことを思い出す。その馬たちは私たちの塩を含んだ汗を舐めに来たのであった。

京都東山を歩いている時に、野犬の群れに出合った人の話とか、京都北山で猪に出合ったことなど、里山でも危険はある。

野外で危険な生物にヘビの仲間がいる。日本では南西諸島のハブ類、マムシ、ヤマカガシなどである。南西諸島での夜間行動でのハブ類の対応は別として、マムシやヤマカガシに対しては踏むとか手で捕まえるなどの人間の攻撃時に危険がある。昔、紀州の那智へ生物クラブとして調査に行った時、高校生が「この蛇は何ですか」と大きなマムシを捕まえてきた時には私たち指導者は青ざめたのだった。

毒蛇に噛まれた時には血清の入手困難な場所などでは「切る、吸出する、しばる」などの必要もあるが、今日では安静にして冷やし、医師のところに早く運ぶという指導で

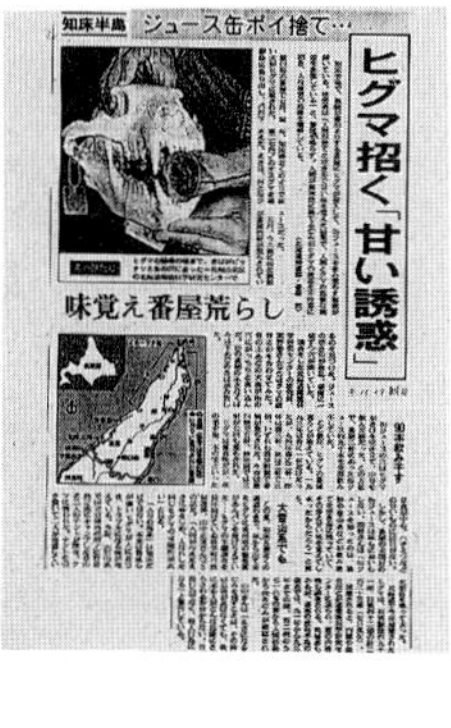
知床半島 ジュース缶ポイ捨て…

ヒグマ招く「甘い誘惑」

味覚え番屋荒らし

＊ヒグマはゴミからジュースの味を学習し、番屋のジュースを飲んでしまった。

ある。

もう一つ、時には人間という動物も危険である。

13—5 昆虫

アウトドアでは虫さされは普通のことであるが、時には日本脳炎、マラリアなどを媒介する蚊も棲息していることを意識しなければならないだろう。それに昆虫アレルギー症もあってハチ類その他に気を付けなければならない。

しかし、一般的には野外に害虫という昆虫が棲息しているのではなく、人間との関わりあいのなかで昆虫が人間と敵対することになる。野外教育で害虫に対する予防などの言葉が使われるのも「人間勝手主義」の現われである。

ニュージーランドの南島のモエラキ原生林*の周辺部では、私たちはサンド・フライ*というハエ目昆虫に悩まされた。美しい湖畔や海岸では常に襲ってきて私たちの皮膚を刺すのであった。モエラキ原生林の入り口のハーストというホテルの前庭のベンチでビールを飲んでいるときも私たちを襲ってきたし、幾つかの美しい湖畔でも帽子をかぶっていないご婦人は「気がおかしくなる」といって頭を掻いていた。

このサンド・フライにはガイド兼運転手のHさんは私たちにある種の忌避剤の塗薬を買うことを勧めたが、私たちの何人かは薬剤を否定した。ともかく、サンド・フライのいるところでは肌を出さないという服装をすることである。

子どもたちのキャンプでも、すぐに子どもたちは肌にスプレーの薬剤をかけ蚊などの

＊モエラキ原生林

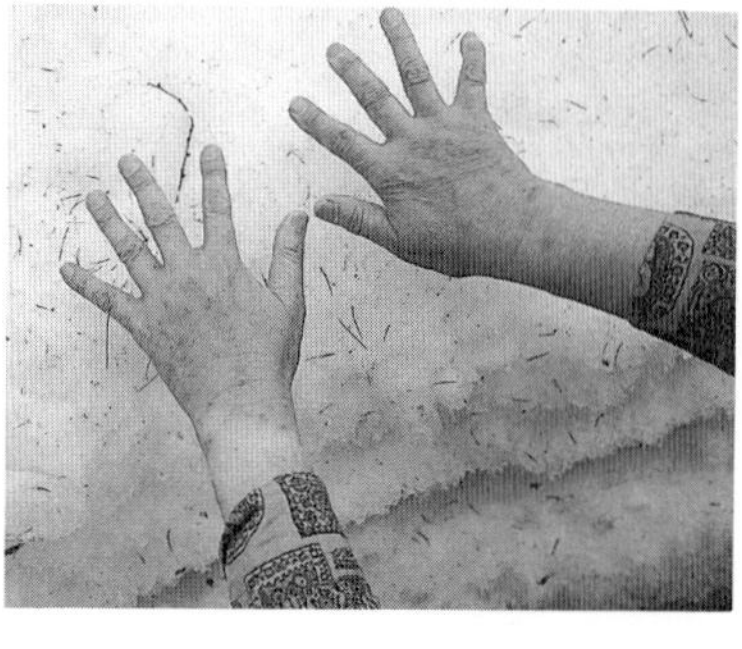

＊サンド・フライ　刺されると発疹ができる

予防をしているが、地球環境や体に良いはずがない。昆虫を敵対視することと、キャンプで環境学習をやるということの矛盾に指導者も気づいていない。

単独で飛来したスズメバチ類を手で払うことは、スズメバチにとっては攻撃であることを知らねばならないだろうし、また、人間がハチの巣に接近したり、巣にいたずらをしたりすれば多くのハチが襲ってくる。この時は姿勢を低くして逃げるしかなく、うずくまれば全身を刺されることになる。

営林署などの森林で仕事をする人たちはアナフィラキシーショック*に対応する薬剤を常時携帯しているが、一般ではできないことであろう。

13―6　逃げる、助ける

日常の生活はもちろんのこと、野外でも危険を回避するための基本は環境を整えること、清潔にすることである。京都の町も道路は自転車やバイクが放置され、今では危険がいっぱいであるが、誰も危機感を持っていないし、阪神・淡路大震災の教訓もすっかり忘れてしまっている。

阪神・淡路大震災*の教訓の一つとして、生き残りというか生存の哲学の必要性があったと思うが、それも他の教訓とともに生かされていないし忘れ去られてしまった。

阪神・淡路大震災後にボランティアのことで街に入った時、二つの世界が隣りあっているということの異常さと不思議さがあった。その日、私たちが聞いた神戸市内の小学校での被災者の会話は弁当の給付とお風呂のことが語られていたが、大阪梅田の百貨店

*アナフィラキシーショック　昆虫アレルギーなど、特異体質の人はアレルギー性ショックに注意が必要。

*阪神大震災

の食料品売場には、ケーキはもちろんのことあらゆる食料品がいつものようにあふれていた。なぜこのような違った世界が背中合わせに存在しているかが納得できなかった。この異常な世界の存在に、もっと注目し考えることが必要であったのではないだろうか。この問題を追求し得なかったから現在の世紀末の政治、経済などの異常さも予知できなかったのだと思う。言い換えれば政治、経済などに社会学的思考とサバイバル意識が欠如しているということであろう。現在の教育にも社会学的思考と生存の意識の哲学が欠如している。そのために日常生活に密着した学習が教育の中に存在していないのである。生存のための知恵の哲学は、まず自己の置かれている場、空間の認識に始まり、次にその場や空間でのあり方を思考する。さらに、時間経過と共にいかなる様相をみせるかについての推測と対応、行動のシュミレーションをつくることになる。

大震災の教訓の一つとして住空間の構造の認識の必要性があったが、それを知ることは今日の集合住宅では不可能に近いものである。大学生たちは下宿ではいわゆる近所づきあいを否定している場合が多いという。災害時の逃げる、助けるという基本が集合住宅では否定されてしまっていることになる。

日常の素朴な自然のセンスについては先に述べたが、この日常の素朴なセンスをつねに持っていることは、やさしさとかしなやかさを持つことであり、危険な状況も当然見えてくるだろう。

私は車の免許を持たないから比較的良く歩いている。北海道の北見市内を歩いているといろいろなものが見えてくる。北海道は車社会であるから歩いている人は少なく、車椅子も車で運んでしまうから立派な歩道も必要でないのかもしれない。それぞれの家の前の歩道は車のためにえぐり取られているから冬期には凍結して危険である。歩道に車を止めるなどそう気にもしていないようである。もちろん、嫌なことばかりではなく季節ごとに美しい花を咲かせてくれる家や、街路樹の根元にスズランやハマナスの花を見せてくれるところなどもある。

テントの生活では常に整理整頓を厳しくやっているが、冬のテント内部で炊事をすることもあるためうまく空間を使用する。時にはテントの中でコッフェルをひっくり返したりコンロを倒したりする。

整理整頓には逃げるという時の意味がある。子どものキャンプでも集中豪雨や雷の時には安全な建物に逃げなくてはならない。起床後すぐに持ち物をバッグやザックに入れ毛布などと共にテント中央に集める。夜にはなぜ履物をテント内に持ち込むかなどについてもリーダーは子どもたちと話し合う指導が大切である。地震災害時に多くの人が裸足で逃げていることなど再認識しなければならない。最近は少なくなったが学校でスリッパに履き替えるところもあるが災害時の危険を予測できていない。

野外活動のなかでは逃げるということが重要なことで、たとえハイキングでもエスケープルートを確認する必要があり、子どもたちやメンバーに事前学習をしておくべきである。

一九八九年の中国西端のコングール登山時に天安門事件が発生したことを、私は偶然短波放送で知った。私たちは刻々に伝わってくる北京の情報にかなり深刻なものを感じていた。日本大使館は日本人に退去を呼びかけているが私たちはどうしようもなかった。ウイグル自治区もそう安全ではなくいつ連動蜂起するか不安な情勢であった。

私たちはいかに逃げるかを地図を前に協議を始めた。地理的にソ連、アフガニスタン、パキスタンのいずれかを選択することになるが、私たちのメンバーのほとんどがパキスタンを知っているために南へクンジェラブ峠を越えて逃げようと考えた。すでにそのルートが赤線で地図に記入されていた。

しかし中国連絡官の王先生は中国語の放送を聞き、まず大丈夫であるという。私たちも食料などを計算すると四か月は持つだろうというので逃げるのを止めて登山に専念したのだった。

14 リーダー論

14―1 リーダーとは?

私の友人で「師匠」「師」という言葉を使っている者がいるが、レトロ調で良いかもしれない。踊の師匠、お華の師匠、そして、アウトドアの師匠ということになる。先生では代議士や弁護士もあるし、なぜ国会議員が先生なのかわからない国でもある。

ともかく、野外活動の指導者はいろいろあるが、先生でもリーダーでもいいだろう。ニュージーランドではインタープリターに対しては「ダン」「リサ」といったように敬称なしに呼んでいた。この呼び方は日本では定着しているところもあるが、学校キャンプが多いためどうしても「先生」になってしまっている。私も一九歳の時からずっと「先生」である。

私たちは山育ちであるために、仲間うちではリーダー格の人にも「○○さん」であったし、海外登山では「○○さん」もしくは「隊長」であった。登山では「師匠」というのも陳腐であるから推奨はできない。なぜか、私は名前の呼び捨てとかニックネームは好ましいとは思えないのである。ある時に森で共に過ごしたある人が「ケロ」とか「クマさん」では何か心のアルバムに残らないように思うのだ。

私は一九八九年より石川県能登島で小学四年生の夏期キャンプを指導している。その組織では、六～七名の子どもたちをサポートするお姉さんとお兄さんをカウンセラーと呼んでいるが、子どもたちはキャンプネームで呼んでいるか先生を使っている。ともかく、リーダーにしろカウンセラーにしろ、子どもたちにとってはモラル(マインド)・サポーターであり、テクニカル・サポーターである。日本の先生は教えることはできても、「サポート」という点では少し劣っている人が多いのではなかろうか。

インター・プリターにしても自説を押しつけるような者はだめで、考えることを促してくれることが大切である。

京都御苑では環境庁・御苑管理事務所と㈶国民公園保存協会京都御苑保存会の共催で、一般を対象にした「京都御苑自然教室」を年に四回行っている。この自然教室には、次のような指導指針がいつの間にかできていた。

1　知識より自然の多様性、神秘性。

2　覚える、わかるより、考え方、つきあい方。

3　教わるのではなく、自然のありのままの姿を感じる。

4　自然を個別的、断片的にみるのではなく、総括してとらえる。

これは多分最初の頃に創始者の先生がつくられたものだと思うが、先進性のある指導指針だと感心する。いま、はやりの複雑系として自然をみようとするものだと思う。

環境学習の講習会では、たいていは環境を線的にしか捉えていないし、昔のままのみんなを同じ方向に向かせようとする手法が多い。みんなが別々の方向で自然を見て考えることが今日必要である。

御苑のインタープリターたちは、みんなその道の研究者であるという立派な要件を持っているからおもしろいと思う。単なる解説者ではなく常に御苑の生き物たちの現況を調査していることが参加者へのそのたびごとのプレゼントになっている。その御苑の現況報告書も一九九八年で第四集が発刊された。

14―2　すばらしいリーダー

ある時期、私はリーダーとは？といった「リーダー論」を盛んに書いていたことがあったが、いま思うとたいしたことではなかったと思う。言い替えれば、人間なんていろいろいるんだから自分の好みで付き合えばいいということだろうか。「理想の上司とは」といった際ものと同様にあまり真剣に考えることでもないだろう。日本の社会ではリーダーの資格の欠如する人間がリーダーになる仕組みがあるということを認識しなければならない。

リーダーに必要なのは国際人で引用したように、イーデス・ハンソンさんの「私があなたの立場やったら」という一言に尽きると思う。ずーっと教育者をやってきたから良くわかるが、いやな子どももいるし、いわゆる良い子もいるが、「いやな子」と思った時は教育者ではなく普通の人間に戻っていたのである。お互いの社会的動物としての人間性を回復さすためには、目と目を見合わせ「にこっ」と挨拶のしなおしをするしかないだろう。

知的に総合的にものごとを捉えることによってきちっとした判断ができることは、リーダーに必要な要件の一つである。知的であるということは気分がよくさわやかであるからスムーズにものごとが進行する。知的なものに暖かさがプラスされたものを持っておられたのが、一九六五年の京都カラコルム・ディラン隊の小谷隆一隊長であった。小谷さんの隊長ぶりは北杜夫の『白きたおやかな峰』のなかに良く描かれている。

一九七七年のK2隊の新貝勲隊長は口べただが繊細で暖かく、日本的隊長という表現が当たっているだろう。その繊細さと暖かさが人を引き付け仲間が増えていくのだった。一九七七年のK2隊が登頂できたのもすばらしい仲間が結集できたからだと思う。そのことは一般に公開された映画『白き氷河の果てに』を見ればそれが極限世界での人間のドラマであることが分かる。ベース・キャンプからトランシットで登頂寸前の隊員の姿が見えたり、その直下でクレバスに転落した隊員がいたり、登れなかった隊員たちの号泣するさまなどすごいドラマの連続であった。

この隊は原田達也作戦担当の副隊長と総務担当の副隊長の二人が新貝隊長をしっかりサポートしていたから、他の隊員は登攀に専念できたと言えよう。そして、神様同様の吉沢一郎総隊長が常に『バルトロ』*などの本を持ってK2をテントの前の椅子に座って眺めていたのだった。ベースに戻ってきた隊員の誰かがその傍に座って何かを話している光景があった。吉沢さんはそれら隊員から常に上部の状況を聞いていたのだろう。そして、吉沢さんは隊員のカウンセラーだったのかもしれない。

*カラコルム・バルトロ氷河のパイユ峰

一九七三年の第二次RCCのエベレスト南壁隊の登攀作戦のアイディアは、登山家奥山章が熱っぽく語っていたことに由来する。私たち第二次RCCカフカス・ウシュバ隊が船でナホトカに向かう時に奥山さんもアルプスでの会議に行くために同行していた。その数日間にもエベレスト南壁の登攀の方法について語っていた。奥山さんは病に倒れたが、その情熱と方法論は多くの者に引き継がれていった。

一九八九年のコングール登山のスタイルも奥山スタイルのものであったと思う。黒部の壁などで登っていたグループと、ヨーロッパアルプス・グループ、それに、ヒマラヤ・グループがそれぞれの得意分野での登山をやりながら全員登頂したのだった。奥山さんが生きていたら「そうだ、よくやった」と褒めてくれたと思う。

一九九八年七月四日、京都府山岳連盟は五〇周年記念にチョゴリザ*登頂者の平井一正氏を招き記念講演をお願いした。氏は隊長の資質の一つとして「夢があること」を挙げられたが、すばらしいことを聞いたと思った。私は祝賀会の終わりの挨拶のなかで平井氏の言葉を賛えるとともに、盃をあげ「広漠とした砂漠のなかに、青い空の下の白い孤峰への憧れをいつまでも忘れません」と締めた。

私たちのアウトドアーでの活動にはそれぞれの師匠があり、それぞれを何らかの部分でサポートしてくれる人が存在しているのだろう。

*カラコルム・チョゴリザ峰

14―3　師　論

私は職業柄、師、先生とは何かについて、今日までずーっと考えてきたような気がする。現在の日本では師は「手をとって教えてくれる人」という概念が確立していると思う。そのためか「あの先生は教え方が悪い」などの保護者の声が聞こえてくる。「教えてもらう」という受け身の体勢の中では創造性とか積極性は育たない。なぜか日本の教科書はその厚みがなく薄ぺらいものが多い。昔、ずっしりした『遺伝学』をテキストに紹介され、それを手にしたときは嬉しかったし、学問世界の入り口を覗いたと思った。師も薄ぺらなのはだめでずっしりしていなくてはならないのだろう。

私の師匠はフランスの『昆虫記』のファーブル先生であると勝手に決めているが、それは博物学者のジェラルド・ダレルの示している「何が、どこで、どうして、なぜ」の四段階の思考の「どうして、なぜ」の部分を教えてくれるからである。ファーブルの『昆虫記』では常に「どうして、なぜ」について語りかけてくれる。昆虫を採集するというところから昆虫の世界に入った時、ともすれば、どのような昆虫がどこにいるかという次元に留まってしまうからであるが、「どうして、なぜ」について考え始めれば学問への道に踏み出すことになる。

一九九八年の秋にテレビで放映された山田洋次監督の「学校」という映画を見たが、人間的な先生が中心になってみんなで悩み考える場が学校であるという提案だと感じた。すばらしい師というのはその人間性と学問への思いと深さなどであるが、本来そのうちのどれが欠けてもだめだと思うが、すべて備わっていることは大変なことであろう。このことは人間の評価というものが実に複雑で、そう簡単なものではないということと同じである。在野の師には教えるテクニックというものは本来必要ではなかったが、現代の学校教師にはそのテクニックが要求されている。それは昔と違って、学びたくない者が学校に来ているからで、特に大学生を見ているとそれが分かる。そのことは「どう生きたいか、何を学びたいか」といった目的意識が乏しいからである。目的意識を持たずにやってきた者は、就職のときまでそれを引きずることになって悩んでいる。

多くのアウトドア・ライフの師には、その教えるテクニックをほとんど持っていないが、登山ブームとか、中高年の指導にはテクニックを必要として、テレビなどで講座も出現している。本来、在野の師たちはごちゃごちゃ言わずにただ存在し、行動するだけで価値があった。

北アルプスの一つの入口でもある徳本峠では、多くの知の友との出会いの場があった。小屋の主であるナイーブな小松師匠との出会いがすばらしく、実に多くのことを教えてもらった。小屋で使う水は下の谷のポンプを押して揚げるのだった。その谷のポンプ場での豊かな自然のなかでの作業は孤独だったが周辺の自然を一人じめにできる時だった。孤独は自然との対話の時間だったから、小さな甲虫やチョウの行動の観察や舞落ちる木の葉の軌跡も捉えていた。

このポンプ作業をもしやっていなかったら小屋での水のありがたみもわからなかったと思う。

この峠で出会った山の友達も様々な職業を持った人たちであったが、それぞれに私にとっては知の友として価値のある栄養を与えてくれた。この峠で出会った人たちはなぜか心やさしいのだった。それは峠のさわやかな空気のせいであり、小松さんの人徳でもあったのだろう。私は徳本峠の小松師匠の後を歩くことによって山の生活としきたりを学んだ「山の学校」であった。今西錦司先生は存在されているだけで大きなものを与えていただいた。

現代の学校教育で最大の欠陥は「生きる目的」「生きるあり方」といった基本的な部分がないということだと思う。家庭や学校でそれを考えることができないとするならば、それを社会や友人に求めることになる。

大学生もその人生のあり方を学んでいる場は、学校や家庭ではなく、ほとんどはアルバイト先であることも明白である。アルバイトが小遣い稼ぎの場ではなく、いつのまにか社会学校に昇格していたのである。大学教員をやっていてわかったことは、私たち理科系では考えられないが、実践の裏付けのない学問が横行していることであったし、学問がもともと哲学であるということが良く理解できた。学問では日本の経済崩壊も予測できなかったし、その救済処置もとれていないというのが現実だといえる。もちろん、学問はもっと深淵なものであることも理解できるが、ともすればそれは学生にとっては仮想空間にしか過ぎないだろう。

私にとっての本当の学問の師は、人間ではなく複雑系としての野外空間であり、今日もその空間を執拗に歩き続けている。

15 自然の情報・記録

15—1 自然の情報

自然の情報はそう簡単にはだれも教えてくれないし、また、入手する方法もいろいろあって難しいが、試みると楽しみでもある。

私が体験したもののなかでもっとも興味深かったものは登山隊での気象情報の取り方で、このことは先に少し触れたがまとめてみる。

高々所の登山時には数日間の好天周期をいかにつかむかが重要で、登頂成功の鍵でもある。山の難易度と隊員の状況で異なるから一概には言えないが、最終キャンプからアタックをかけるには、少なくとも二日間の好天がほしいし、ベース・キャンプとか中間キャンプからでは、少なくとも三日から四日の好天が必要になってくる。

しかし、最近では気象衛星を使うとか、日本での高層天気図の作成したものを現地にファクシミリで送るなどの方法で、まったく苦労することもなくなっている。

一九六五年のカラコルム・ディラン峰登山の時は独自に観測せずにパキスタン空軍からの高層の情報をパキスタン放送から受けて判断していたが、あまり役に立たなかった。

早い話、私のレベルでは高層のデータを受けても解読する能力がなかったと言えるし、それをディラン峰周辺の気象条件としてどう使えるかは疑問であった。

一九七七年のK2峰*の時は一応学術隊長でもあり、気象の観測もやらねばならないと思ってかなり努力した。その時の新貝勲隊長もなんだかんだと私に好天周期を掴むことを期待していたのだった。私はこの時の気象観測については報告書と『K2より愛をこめて』に詳しく述べているが、その一部を紹介する。

隊の予算では私は京都の理化学器械屋さんでもっとも安いハンディな簡易観測器具を購入しなければならなかった。たしか、この観測器械もお金を払わずに寄贈を受けたと思う。五五〇〇メートルの氷河上の私と高塚隊員のテントのすぐ横にモレーンの石を積み上げ、装備のボックスを切って百葉箱を造った。ある日、側を通った森田勝隊員はにたっと笑いながら「おもちゃみたいですね」と言ってくれた。

このおもちゃの気象測器で定時観測を始め、データーをグラフ化しながら何か周期を掴めないものかと考えていた。もっとも信頼できるのは高度計の示す目盛りであったが、どうも山頂あたりの天候をうまく捉えることができなかった。

京都に帰って京大防災研究所の中島暢太郎先生にデータをお渡しした。この執拗な観測をヒンズークシュ・カラコラム会議の先生の講演ではお誉めの言葉をいただいた。そして、先生は高層天気図と私のデータを重ねて説明された。

一九八三年のカラコルム*六八八五峰登山の時は、京都の高等学校の先生の登山隊であったから地学の先生が気象観測をやっていた。おもちゃではなく自記温度計などもベース・

*一九七七年のK2峰

*カラコルム・六八八五峰

キャンプに持ち上げた。

一九八九年の中国ウイグル自治区コングール登山隊の時はおもちゃ＋照度計などが加わったが、風向計は中国製のお箸で作った。それを見て「鶏はつけないのですか」と言ったのはドクターだった。そして、毎日定時観測を続けグラフ化して好天周期を探っていった。高度計の目盛りと雲量がうまく一致していたし、登頂時期を予測できそうであった。この年はヒマラヤ全域の天候が悪く、多くの隊が苦労していたことは後で知った。

このウイグル自治区の遊牧民族であるキルギス族の間には「キルギスの一五日間」という言い伝えがあって夏に晴天が続くという。隊員たちもそれを聞いていたので、私に「いつから晴天がつづくのですか」と質問してくるが、そんな気配はまったくなかった。

そして、上部キャンプ設営の準備もととのった頃、私は数日間の好天を予測でき「アタックをかけて下さい」と隊長に言った。「一〇日間持ちますか」「いや、三日間だ」といったやり取りがあって、九名は山頂に向かった。予測通り三日間の好天があって全員登頂できたのである。

15—2　情報の発信と受信

ニュージーランドを旅して楽しかったのは、ビジター・センターとかネイチュアー・センターが各所にあったことである。日本にも各所にあるが貧弱であるか美しく整備されすぎて堅くるしいのが多い。何か学習して下さい、勉強になりますよ、といった押し付けが多く、自然はこうなっているのですといった押し付けが多いのも日本的な欠陥である。センターには確かなインタープリターも常駐していなければ意味がない。

北海道・阿寒湖のネーチュアー・センターでは、私たちの植物についての質問に対して、わざわざ二〇〇メートルほど離れた現場まできていただいて説明を受けたのには恐縮した。私たちは大きく成長した黄色い花がフクジュソウであるということが分からなかったのであった。

無料で提供してくれる地図やパンフレットもシンプルでしっかりした記載があって、信頼できるものが多いことも必要である。

日本にも親しみのもてる自然や街のインフォーメーション・センター、ビジター・センターがほしい。十勝*の白金インフォーメーション・センターもすばらしい建物であったが、提供される情報がもう少しあってもいいと思った。

情報の提供方法が一方的で交流的な部分がないのも日本的で、訪れた人々の情報を張り付けるボードや入力できるパソコンがあってもいい。ひがし大雪博物館ではヒグマとの対応の仕方を表示していたが、必要なことだと思う。なぜ、ヒグマやキタキツネに餌を与えたらいけないのかといった死の連鎖の解説やパンフレットの配付もやって欲しい。

博物館グッズという認識が少ないのも日本の特徴で、単なる物産売り場ではなく、オリジナルなもので他では手に入らないものがあっていいだろう。

最近では自然やイベントの情報がホームページで公開されているから便利である。オホーツクの季節の植物図鑑のようなものも楽しく美しい。

毎日の天気についてはインターネットで各方面から発信されているが、毎日放送のホー

*北海道・十勝

ムページの天気情報もひまわり衛星からの美しい画像で見せてくれ役立つものである。

15—3 記 録

記録と情報はあるシステムのなかで生きてくるもので、同じ時系列のなかにある。詳細な記録もそれを情報として生かすためには、一つのシステムのなかでモデル化すれば予測なり、映像のシュミレーションとなる。

たとえば、私は一九七七年のK2登山の時に、気象観測と並行して毎日定時にベース・キャンプからのK2の写真を撮影していたが、そのデータはまったく死蔵しているだけで骨董品的価値もない。もし、この映像を気象観測データと共にパソコンに入力し、モデル化すれば何かおもしろいものができるだろう。また、一九八一年のコングール*の時は、防災研の中島暢太郎先生からある標高ごとに周囲の写真を撮影すればおもしろいと教えてもらって実行したが、その写真も死蔵している。これもうまく使えば、自然を縦と横に割った複雑系の解析になり、論文の一つくらいは書けるだろう。

私がかろうじて集積できたデータを活用しているのは、フン虫の分布に関するものである。日本で報告されたフン虫のデータをリレーショナル・データベースに入力し、あらゆる方向から検索できるようになっている。たとえば、鹿児島県屋久島のフン虫を検索すれば、その種名をプリントアウトできる。今後はさらに検索後映像化できるようなシステムも考えてみたい。

環境庁では日本地図をメッシュ化して府県単位の記録ではなく数値で記録できるよう

*コングール北面

になっているから、今後、シュミレーションとしていろいろと活用できるだろう。例えば、私が一九九八年五月三一日に北海道北見市の中の島公園でシロオビヒメヒカゲを発見したとすれば、それはメッシュ地図を参照して「6543-52-42」と記録して報告する。

記録には楽しい方法がいろいろあるから、その対象によって記録の方法を考えることである。町の博物学者の特徴はスケッチや絵がうまいということで、けっこう現代ではパソコンを使ってうまく図を描いている。

ハナアブやアリズカムシを調べている大石久志さんは、本職が磁器などに絵を描くことだから昆虫の絵もなかなかのものである。フィールドワークのところで紹介したヘディンのスケッチも楽しいが、日本では登山家であり観光学などやっている同志社大学の玉村和彦さんもチベットでしっかりスケッチをしている。

写真の方が正確さとか色彩は明瞭であるが、スケッチ[*]には写真にない心の情報が温かく表現されているのでロマンとか物語性がある。

15—4 採 集

ある時期、昆虫採集が罪悪視され、私なども昔からやってきた昆虫採集を正当化するための方便を考えていた。昆虫採集だけではなく自然の中では、人間は原始の時代から狩猟・採取を続けてきたから、そのルールは良く弁えているはずであるが、いつの時代かにそれを忘れてしまった。それればかりではなくゲームとしての採取や人間の栄誉とか

*スケッチ　キルギスの男（及川泉余画）

価値を狩猟に取り込んでしまった。たとえば、今日問題になっているイングランドの伝統的な狐刈りもそうであるし、中央アジアでのハンターたちは巨大な角をもつアルガリ＝ポーロの羊を仕留めることが栄誉であった。この動物はマルコ・ポーロの『東方見聞録』にそのアルガリの群れとの出合いが記されている。私は一九八〇年にコングール峰の南麓でこのアルガリ*の巨大な角に出合っている。生きているのを見たいと思ったがオオカミや人間のために激減しているという。

私が最初にカラコルム山地に入った日、ギルギット川沿いのノーマルという村落で、まだ血のしたたるアイベックス山羊の頭を見せてもらった時は感動した。このような巨大な生き物がいることと人間がこの肉を食べているということへの感動であった。

一九八〇年に中国ウイグル自治区の西端のコングール山麓に入った時も、夏村には女性ばかりで男は山でアイベックスを追っかけていてまだ帰ってこないという。数日後、男たちは百キロほどの肉を持ち帰ってきた。そして、私たちにもその肉の塊が分配されて、それは大蒜、ピーマン、キャベツの入った新疆風うどんの具になったのである。そのアイベックスは Capra ibex sibirika で、アフガニスタン北東部、カラコルム、カシミール、パミール、テンシャン、シベリアと広く分布するものだった。このアイベックスを仕留めると、頭部などは現場に置いてくるので立派な角を見ることができなかったので残念だった。

北海道に住み始めて感動したのは、海での釣りが盛んで、その成果をお相伴する機会が多いことであった。クロガレイ、ソウハチ、カスベ、鮭と旬の味を頂くことになる。学

*アルガリの巨大な角（コングール）

生たちもけっこう北海道へやってきて海での釣りを楽しんでいる。私も同僚の先生と厳冬の網走湖でワカサギ釣りをやったが、その日は誰もがほとんど釣れずに六匹という無惨な結果であった。しかし、持ち帰って天ぷらではなく焼いて食べたが、なにか鮎に似た香りがあって美味しかった。学生たちにその成果を話したら、あまりの少なさに馬鹿にされたが、旬のものを自分だけが美味しく頂いたということの再認識をしたのであった。

今西錦司先生も渓流の魚については研究されていたが、釣りに関して何かに「日本人は欲張りだ」と書いておられたのを思い出す。

あるとき今は天然記念物で採集禁止の高山チョウを箱いっぱいに並べているマニアに出会ったが、嫌なやつだと思った。やはり、マニアは街の博物学者＝ナチュラリストにはなれない要素があると思った。博物学者のもっとも重要な要件は生き物たちへの愛である。

15—5　標本をつくる

野鳥の会の人々からは「なぜ虫を捕まえるのですか」という質問が来るが、私たちは捕まえて調べることによって種類を知ることになる。なかには美しいから集めるというわゆるよからぬコレクターがいることも事実である。高山蝶の採集で捕まったものもいるが、それは犯罪者であって一緒にしてもらっては困る。

昆虫少年に時々出会うが、すばらしいのはそのほとんどは昆虫を集めるのではなく、飼育観察に心が向いている。

最近出会った昆虫少年K君は小学校三年生で北見で御厄介になっている居酒屋の孫で、ある日、私が入っていくと「糞転がしの先生だ」ということで私の側に座ったのである。そして、ファーブルの『昆虫記』のスカラベの話を始めるのだった。そして、妹のMも側に来て「お兄ちゃんはいろんな虫を飼っている」と応援する。私がアフリカ南部の巨大糞転がしや、日本の小さなマメダルマコガネの仲間の話をすると目を輝かしていた。「そんな小さな二ミリほどのものが転がしているのですか」と感動していた。

標本の話に戻るが昆虫だけではなく野外にはいろいろと楽しいものが落ちているからけっこう嬉しくなる。北海道の斜里町の海岸の昆虫調査をやっているが、実にいろいろのものが打ち上げられているから、何かの目的をもって拾ってくるのもいいだろう。

それは鳥の一枚の羽であってもいいし、小さな貝殻でもいいだろう。以前、私とつれあいはこの斜里の海岸できっとあるに違いないロシア文字の何かを探していたら偶然あったので感動し、「名も知らぬ遠き島より流れ寄る椰子の実一つ」の島崎藤村の世界に入ることができたのである。

河川敷きウオッチング、林道ウオッチング、森林ウオッチングなどそれぞれに楽しいものを拾うことだろう。流木やドングリは標本としての価値よりもクラフトの材料として利用価値がある。

標本に必要なものはラベルであるが、その記載に必要なものは、まず拾った場所、年月日、拾った人の名前であるが、それ以外にできるだけ詳しい情報があれば後で役立つこともあるだろう。たとえば、私がやっているフン虫であれば鹿の糞に来ていたとか、馬糞だとかの記載が絶対に必要である。ラベルがなければ単なる記念品であるが、ラベルがあれば学術的な意味を持ってくる。一九七七年にカラコルムのバルトロ氷河で拾ってきた大型の鳥の羽はラベルをつけて保存しているが、種を同定していないので今のところ死蔵である。

昔、日本にやってきた外人の採集標本のラベルは、単に「Japan」としか書いていないものもあって感動する。外人にとってFar eastの小さな日本をどのように捉えていたかが一枚のラベルで伺える。

私は一九九七年に兵庫県尼崎の河野伊三郎さんの収集された日本周辺のフン虫を譲り受けて整理しているが、河野さんの歩かれた広範囲の跡を知ることができるのはもちろんだが、ある時代の環境も見えてくる。昔、兵庫県にあったという生野牧場からも大型のダイコクコガネや角の立派なツノコガネの標本が残されていた。

河野さんの収集された大型の外国産の甲虫類は、奈良県の博物館に寄贈されたので多くの昆虫少年を育てるという一役を持つことになるだろう。

標本に関しての認識度は日本では低く、ある大学では教授が変わるととたんに標本管理が悪くなり、ヒョウホンムシに食われて針だけしか残っていないという無残な例もある。また、青少年のための施設では翅の破れた標本などが捨てられ新しいものと交換する例もあるが、たとえ翅一枚でも、脚一本でもラベルが付いているならば貴重な標本である。

このことは日本では学問が挟視的になって博物学が衰退した結果だと考える。生物世界を複雑系として捉えるならば、博物学的思考は必要なものであると思う。

あとがき

私にとっては自然は超巨大迷路だった。小さな森も、世界遺産の原生林も同じように未知の空間であり、今いう「複雑系」であった。森だけではなくその周辺もさまざまな生き物たちで騒がしかった。森にはオオセンチコガネが金属光沢を見せながら低く飛び、森の下の森にはたぶん教科書にあるように何万何億という小さな生き物たちが蠢いていなければならない。

しかし、時にはそれらの翅音や鳴き声が途絶えているところに出合って悲しくなる。たびたびアウトドア・ブームという言葉が聞こえてくるが、それはフィッシングであったり、オート・キャンプであったりさまざまである。一九九九年夏の玄倉川キャンプ事故のように、単なる日常の生活を自然地に持ち込んだのではアウトドア活動ではない。エコ・ツーリズムという言葉が流行するが、それも単なる自然観察ツアーであり、哲学の背景が乏しい。

自然は人間が保護・管理すべきものではなく、「生きとし生きるもの」が同じように生きていける世界を構築することを目的とすべきだろう。

私がいつものように京都でこのような野外のことを考え書いていたとすれば、普通の学者や研究者のように「共生」とか「自然」について知ったかぶりで述べていただろう。一九九四年から今日までの北海道オホーツクでの生活のおかげで、「共生」「共存」「自然」を生活者として捕らえることができ、その真実を少し知ったのだった。

私たちがアイヌの知恵の時代に戻らない限り、「共生」は戯言に過ぎないだろうし、「自然」を理解するにも自然の中での生活者でなければならないだろう。

この本ができたのも北の国で私に楽しくつきあっていただいた人々のおかげであり、本州でのさまざまな活動をともにしていただいた人々のおかげであると感謝いたします。出版に当たりご理解をいただいたナカニシヤ出版の方々に心からお礼を申し上げます。

塚本　珪一

二〇〇〇年春

事項索引

ア行

エコ•アウトドア•ライフ　48
エコ・修学旅行　86
エコ・ツーリズム　38,46,47,49,128
エコ•マップ　85,86
エダシャク　29
オオイチモンジ　119
オオフタホシマグソコガネ　10
オボ　33

カ行

環境市民　49,85,86
観光倫理　116
カンムリセスジゲンゴロウ　90
キクイタダキ　18
キタアラメニセマグソコガネ　27
キルギス　62
キルギス族　64,77
鞍馬山霊宝殿　92
ケルン　33
コブナシコブスジコガネ　84
コングール　21,55,161,185
昆虫記　8

サ行

サスティーナブル　43
自然学　44
死の連鎖　85
スカラベ　15
スキルブルム峠　39
聖者　108
聖者廟　108

タ行

糺の森　92
哲学の道　87,104
テント　61,62
徳本峠　26,159,179

ナ行

ナキウサギ　99
ニッポンモモブトコバネカミキリ　90
日本動物行動学会　124

ハ行

博物学　116,117,118
博物之友　123,126
バック・パッキング　127,128
母と子の森　11
阪神・淡路大震災　23,37,169
バンダナ　54
ビート・ジェネレーション　127
ヒグマ　118,149,166,167
ヒサゴコメツキムシ　27
非常食　68
複雑系　28,88,143

マ行

マグソコガネ　146
マメダルマコガネ　15
マルツヤマグソコガネ　147
ミルフォード・トラック　47

ヤ行

夜間採集　80
ヨツボシマグソコガネ　99
予備食　67

ラ行

レイヤード・システム　54
ローインパクト　74
ローインパクト法　31,52,54,128
6885峰　51,60,182

人名索引

ア行

アレン, D. E.　121,122
井上民二　9,89
今西錦司　16,44,89,117,129,133,163,180
上野益三　122,123
ウエストン, W.　26
梅原　猛　13,33,89
浦川一男　101
大島亮吉　95,102,103
大牟田一美　49
奥野良之助　88
奥山　章　177

カ行

樺山紘一　117
雁部貞夫　105,106,107
川喜田二郎　163,164
菊田佳子　39
北　杜夫　114,133
鬼頭秀一　15
木村陽二郎　120
串田孫一　113
桑原武夫　75,89
ゲーテ, J. W.　97
小谷隆一　176

サ行

沢田充茂　152
シートン, E. T.　36,129
シュティフター, A.　96
新貝　勲　176
角倉太郎　32
セガンティニ, G.　9
芹沢一洋　128
ソロー, H. D.　24,37,123,134,135

タ行

ダーウィン, C. R.　130
高橋　正　113,114
竹田津美　36
立原正秋　154
ダレル, J.　121,178
ダレル, L.　121
千坂正郎　95,97,164
土森　譲　39
ティール, F.　37
ドルマトフ, R.　13,35

ナ行

中込清次郎　39
中根千枝　163
西田幾多郎　89,97
西堀栄三郎　132,163

ハ行

ハート, J.　31,40,44,128
バーバ, L.　121,125
ハイエルダール, T.　132
ハドソン, W. H.　93
原田達也　39,79,106
ハンソン, E.　140
ピアソン, G. P.　93
ビュフォン, G. L. L.　120
平井一正　177
広島三朗　39,106,107,108
ファーブル, J. H.　8,15,178
フォックス, M. W.　145
深田久弥　108,109
藤木九三　25,26,27,103,104,133
藤木高嶺　132
ベーレンバウム, M. R.　154
ヘディン, S.　132
ヘルマン, H.　10
ホワイト, G.　119,120,134

マ行

宮本常一　83
森岡正博　43
森本　武　41

ヤ行

薬師義美　104,107
吉沢一郎　113,176

ラ行

ラスキン, J.　123
リンネ, C.　120
ルソー, J. J.　17,120
レビュファ, G.　53

学歴・職歴

塚本珪一（つかもと・けいいち）

1930年11月11日生
1951年３月　京都府立農林専門学校農学科卒
1995年４月　北海学園北見大学・観光産業学科教授、成基学園研究員。
2000年４月　平安女学院大学・国際コミュニティ学科教授

登山・調査歴

1963　カラコラム調査、1965　カラコルム　ディラン峰登山隊　副隊長、1968　カフカス　ウシュバ峰登山隊　隊長、1977　カラコルム　日本K２登山隊　学術隊長、1980　中国　コングール峰偵察隊　隊長、1981　中国　コングール登山隊　学術隊長、1983　カラコルム　6885峰登山隊隊長、1986　中国　太白山登山隊　隊長、1989　中国コングール登山隊　副総隊長、1991　カラコルム、1995　モンゴル調査、1997　モンゴル調査

著　書

『K２より愛をこめて』東京新聞出版局。『自然活動学のすすめ』岳書房。『登山・それは愛』東京新聞出版局。『アウトドアーライフサイエンス』岳書房。『山へ登りませんか』岳書房。『自然活動学』森林書房。『「生活科」を考える』ナカニシヤ出版。『山の昆虫記』山と渓谷社。『新山の昆虫記』山と渓谷社。『京都の自然』ナカニシヤ出版。『日本糞虫記』青土社。

所　属

日本山岳会、京都府立大学山岳会、京都・カラコラムクラブ

アウトドアライフ論

定　価　カバーに表示してあります
発行日　2000年7月20日　初版第1刷発行

著　者　塚本　珪一©
発行者　中西　健夫
発行所　株式会社ナカニシヤ出版
〒606-8316 京都市左京区吉田二本松町2
電話 (075)751-1211
FAX (075)751-2665
振替 01030-0-13128
URL　http://www.nakanishiya.co.jp/
e-mail iihon-ippai@nakanishiya.co.jp

印刷・㈱吉川印刷工業所/製本・兼文堂
装丁・竹内康之
ISBN4-88848-580-1 C0025